L'abbé Pierre
Le roman de sa vie

Illustration de couverture : Étienne Jung

18, rue Barbès 92128 Montrouge Cedex
ISBN : 978-2-7470-4299-4
Dépôt légal : juin 2012

Loi n° 49-956 du 16 juillet 1949 sur les publications destinées à la jeunesse.

Chloé Caffarel

L'abbé Pierre
Le roman de sa vie

bayard jeunesse

« Reste avec nous car le soir approche
et déjà le jour baisse. »
Évangile selon saint Luc (24)

Prologue

Ses parents l'ont baptisé Henri, mais vous le connaissez sûrement sous le nom qu'il s'est donné : abbé Pierre. Voici son histoire, telle qu'elle s'est probablement passée. Son père, Antoine Grouès, vient d'une famille de commerçants modestes des environs de Barcelonnette, dans les Alpes-de-Haute-Provence. Orphelin à dix-neuf ans, il est parti travailler au Mexique dans l'espoir de faire vivre sa famille. De retour en France, il a épousé Eulalie, la mère d'Henri, fille d'un riche industriel de Tarare. Tout réussit à Antoine. Lorsque son cinquième enfant voit le jour en août 1912, il est administrateur de l'Alliance textile et des Fonderies de Lyon. La famille s'agrandit, elle compte bientôt huit enfants. Les Grouès déménagent de la Croix-Rousse au quartier d'Ainay, dans la Presqu'île, dans un appartement si grand que chacun a sa chambre, les grands-parents aussi. Très malade, Antoine doit souvent rester alité. La vie est rythmée par le travail, la prière et la charité pour les pauvres. La famille passe les week-ends et les vacances scolaires au Vieux Port, une belle maison bourgeoise située à Irigny dans le Rhône. On dit qu'Henri est un gosse étrange, à l'humour bien senti, mais aussi aux humeurs bizarres, aux curieux silences. Ses frères et sœurs le qualifient de chouchou, alors qu'Henri se plaint de ne pas recevoir assez de câlins de sa maman. Très jeune, il connaît une vie spirituelle tourmentée, entre la foi et le doute.

À l'école et aux scouts, on l'apprécie, il a beaucoup d'amis. Adolescent, il souhaite nouer une amitié avec un camarade à la voix magnifique de soprano. « Avoir un ami, un seul, mais un vrai ; un garçon sur lequel on compte, pour lequel on compte, et que cela soit parfaitement réciproque », écrit Henri dans son journal intime. Impressionné par Yves, il met plusieurs mois à l'approcher, parvenant enfin à sympathiser avec lui. Pendant un camp scout, Yves promet même de devenir son ami. Après une blessure au bras, Henri passe plusieurs semaines dans son lit, chez lui, et il attend désespérément la visite d'Yves qui ne viendra jamais le voir. Contrarié, Henri tombe malade et part en convalescence, six mois à la mer, trois mois à la montagne. De cette amitié déçue, il garde le « y » : Henri devient Henry. Le grand chêne de la maison d'Irigny peut en témoigner, il y a gravé « Henryves ».

En voyage de classe à Assise, le jeune Grouès connaît un moment d'adoration lorsque le soleil se lève sur la plaine d'Ombrie et que tous les clochers se mettent à carillonner. Il découvre saint François, surnommé « le Petit Pauvre », qui vécut au XIIIe siècle en Italie. Fils d'un riche marchand, François rompit brutalement avec sa famille pour devenir ermite et servir le Seigneur. Il fonda l'ordre des Franciscains, caractérisé par la prière, la pauvreté et la proclamation de l'Évangile. Depuis qu'il a onze ans, Henry souhaite devenir missionnaire. Après ce voyage à Assise, cela devient une certitude.

Orgueilleux, ambitieux, humble, révolté, généreux, poète, romantique... le jeune homme souffre de nombreuses contradictions qui font aussi toute sa richesse. Aspirant à l'humilité et à la sainteté, il choisit l'ordre pauvre et austère des Capucins, appartenant à la famille des Franciscains, qu'il rejoint le 21 novembre 1931. On l'appelle frère Philippe. Suivent alors sept années de privations, de prières et de joie.

Chapitre I

Le résistant

17 juillet 1942. Les policiers et gendarmes français ont arrêté plus de treize mille juifs qu'ils envoient au camp de Drancy ou au vélodrome d'Hiver, à Paris. Henry a trente ans, il est assistant du curé de la cathédrale de Grenoble. Il ignore encore l'étendue du mal qui frappe son pays. Une nuit, il est tiré de son lit par un long coup de sonnette qui résonne comme un appel au secours. En ouvrant la porte, il découvre deux hommes, la quarantaine, le visage tendu par la peur, les yeux perdus.

– Ils ont pris nos familles...

Henry ne les laisse pas finir, il les fait entrer, ferme sa porte à clé, les installe dans la cuisine et leur sert un verre d'eau.

Encore tremblants, ils poursuivent :

– Nous étions sortis à une fête chez des amis. En arrivant en bas de chez nous, nos voisins nous ont appelés de leur fenêtre. Ils nous ont dit de partir, vite, sans même monter chez nous pour emporter quelques affaires.

L'homme boit d'un trait, puis il continue, la voix brisée par l'émotion.

– J'ai demandé : et Sarah ? Et les enfants ? Ils ont répondu que la police avait poussé les femmes dans un camion, les enfants dans l'autre.

Le second parle à son tour :

– Nous sommes juifs. Ils veulent notre peau. Qui sait où ils les ont emmenés !

– On a pensé qu'ici c'est la maison de Dieu et que, notre Dieu et le vôtre, c'est du pareil au même...

– Mon Père, aidez-nous !

Henry ressent au plus profond de sa chair la détresse de ces hommes, il voudrait les serrer dans ses bras. Ses doigts ne font qu'effleurer leurs épaules solides, il déclare :

– Vous êtes ici chez vous. Je m'appelle Henry.

– Moi, c'est Samuel.

– Et moi, Simon.

La visite des lieux ne dure que quelques secondes : un cabinet de toilette, un bureau, une chambre. Henry offre son matelas à Samuel, son sommier à Simon. Il lui reste le fauteuil, dans le bureau. La peur a plongé les deux juifs dans le sommeil, avec l'improbable espoir que tout ceci n'aura été qu'un cauchemar. Henry, lui, ne parvient pas à dormir. Depuis l'armistice conclue entre la France de Pétain et l'Allemagne de Hitler le 22 juin 1940, il a accordé sa confiance au maréchal, héros de la Première Guerre mondiale, sans se rendre compte que la politique de collaboration représente un danger pour le pays. Ce sont bien des policiers français qui ont enlevé ces familles, pas des soldats allemands.

Henry pense à son meilleur ami, François, qui a toujours refusé de collaborer avec les Allemands. Il vient d'apprendre les circonstances de sa mort.

Son ancien chef de patrouille aux scouts avait choisi une carrière militaire et, en août 1940, s'opposant à l'armistice, il s'était rallié aux Forces françaises libres en Afrique. En juin 1941, en Syrie, il s'était trouvé face à l'armée du régime de Vichy ; incapable de tirer sur ses compatriotes, il avait été blessé au combat. Quelques semaines plus tard, il était mort d'une fièvre typhoïde dans un hôpital à Damas.

François, c'était le courage même, l'exemple suprême, le grand frère qui écoute sans juger et sait brusquer lorsque cela s'avère nécessaire. Dans son adolescence, Henry a connu de grandes périodes de doute et de dépression qui l'ont conduit plusieurs mois dans le sud de la France ou à la montagne. Les lettres enflammées de François lui ont prouvé que « la vie est par elle-même splendide. C'est la plus belle création de Dieu ! »

Pendant cette nuit d'insomnie, Henry se confie à Dieu. Sept années de vie de prière en robe de capucin lui donnent la force d'attraper ces mains tendues. Peu importe la religion, l'origine ou le parti politique, Henry répondra toujours présent.

Au petit matin, il se lève confiant, prêt à franchir tous les obstacles. Autour de la table de la cuisine, Samuel et Simon boivent leur café en silence. Ils ont peur des mots qu'ils pourraient entendre, peur que le vicaire ait changé d'avis pendant la nuit.

– J'ai beaucoup de travail aujourd'hui, prévient Henry. Je reviendrai ce soir. En attendant, n'ouvrez à personne. Ne faites pas un bruit, s'il vous plaît. Il ne faut pas que les voisins vous entendent.

– Ne vous inquiétez pas, mon Père, vous pouvez compter sur notre discrétion.

Toute la journée, Henry tourne et retourne le problème dans sa tête. Il croise de nombreux paroissiens qu'il connaît bien, mais à qui peut-il se fier ? Le curé a servi le maréchal pendant la Première Guerre mondiale, il doit certainement soutenir sa politique de collaboration avec l'Allemagne antisémite, mieux vaut éviter de lui parler. Seule satisfaction de la journée, il a réussi à se servir discrètement dans le placard du presbytère : du pain sec, de la saccharine en poudre, de la chicorée, un rutabaga et des tubercules de topinambour. Ces ersatz forment un butin bien maigre mais fort recherché en cette période de guerre. Il rentre heureux à l'idée de le partager avec ses hôtes.

– Samuel ? Simon ?

Personne ne répond. Paralysé par l'angoisse, Henry pousse tout doucement la porte de sa chambre. Dans l'obscurité, il distingue deux formes sous les couvertures, l'une sur le sommier, l'autre sur le matelas. Persuadé qu'ils sont morts, il se précipite en criant : « Samuel ! Simon ! » Les deux hommes sortent enfin la tête. Secoué par un rire nerveux, Henry leur dit :

– Sacrés farceurs ! J'ai eu si peur ! Quand on vous demande de vous montrer discrets, cela ne tombe pas dans l'oreille d'un sourd.

– Excusez-nous, Père, nous aussi, nous craignons le pire...

– Venez à la cuisine, j'ai apporté de quoi manger.

– Merci !

Le jour suivant se déroule de la même manière, à un détail près. Au presbytère, lorsque Henry enfouit furtivement un gros morceau de pain dans son sac, une voix le fait sursauter. Il se retourne, le curé l'observe :

– Vous êtes bien affamé en ce moment !

Henry s'enfuit maladroitement. Faut-il interpréter ces paroles ? A-t-il compris ? Il doit apprendre à faire preuve de discrétion et à mieux dissimuler ses émotions.

De retour à la maison, Henry s'excuse de ne pas offrir un vrai repas à Simon et Samuel. Il lit l'inquiétude dans leurs yeux.

– Nous trouverons une solution pour vous sortir de là, les rassure-t-il. Je connais peut-être un lieu plus sûr pour vous. Laissez-moi un peu de temps.

Le lendemain, Henry quitte l'appartement à la première heure. Les activités paroissiales attendront, il y a plus urgent. Il déambule dans les rues, sans but précis, observant d'un œil nouveau son quartier et ses habitants. Il ne pourra pas cacher les deux juifs plus longtemps, c'est une certitude. Comment les aider ? Le moindre faux pas pourrait les condamner à la prison ou même à la mort. Depuis la veille, il a une idée : rendre visite aux sœurs qui tiennent un pensionnat à la limite sud de la ville. L'établissement se compose de plusieurs dépendances sur un vaste terrain, les hommes pourraient s'y réfugier. Alors qu'il échafaude, hésitant, différents scénarios dans sa tête, ses pas le conduisent instinctivement jusqu'au couvent. Il frappe à la porte de la mère supérieure.

– Entrez, ordonne la sœur d'un ton sec.

Henry se demande s'il ne devrait pas repartir en courant. Sœur Clotilde est connue pour sa grande rigidité face aux détours qu'offre parfois la vie. C'est trop tard, il pousse la porte.

– Bonjour, ma Sœur. Comment allez-vous ?

– Je vais bien, mon Père, je vous remercie. Quel bon vent vous amène ?

– Deux hommes sont chez moi. La police a pris leurs familles, ils ont dû fuir.

L'abbé cherche ses mots, il voudrait se faire comprendre sans se compromettre. Il ne sait pas si sœur Clotilde soutient le maréchal Pétain et sa politique de collaboration.

– Ils... ils sont... Ils n'ont pas appris à nager dans l'eau bénite...

La mère supérieure esquisse un sourire complice. Henry soupire soulagé.

– C'est que, voyez-vous, nous connaissons bien le problème. Nous cachons ici des dizaines de juifs.

Elle l'a prononcé, le mot juif ! Quelle courageuse, cette femme en apparence si étriquée !

– Ils se terrent chez moi depuis deux jours, je ne peux les garder plus longtemps, explique Henry.

– Je ne pourrai les accueillir que quelques jours.

– Merci, ma Sœur. Cela nous dépannerait bien. Même si ce n'est que temporaire. Il faudra réfléchir à autre chose...

– Nous avons ici une spécialiste de l'imitation de la signature du commissaire de police. Nous pouvons vous procurer des faux papiers.

– Ce serait en effet d'un grand secours.

– Même avec des faux papiers, ils ne pourront rester libres longtemps. Le plus sûr, c'est la Suisse. Peut-être pourriez-vous nous aider vous aussi ?

Sans réfléchir, Henry répond :

– La Suisse ? J'ai traversé de nombreuses fois la frontière par les sommets. J'ai beaucoup marché dans ma jeunesse et j'ai un ami guide de haute montagne à Chamonix.

– Si vous pouviez établir un itinéraire, il y aurait de nombreux volontaires pour vous suivre. Vos amis peuvent se présenter à l'entrée des livraisons, demain, pendant l'heure du déjeuner. Nous leur remettrons des tenues de jardinier, nous en profiterons peut-être pour leur demander quelques menus services...

– Laissez-moi deux jours. Je ferai la première traversée avec Samuel et Simon pour repérer les lieux. Dieu vous bénisse !

– La paix soit avec vous.

Chez lui, Henry trouve les deux hommes dans la même position que la veille, recroquevillés sous les couvertures. Ils n'attendaient pas le vicaire si tôt et, en entendant la porte s'ouvrir, ils ont imaginé le pire.

– Samuel, Simon ! J'ai du nouveau, suivez-moi, je vais vous raconter.

Henry explique sa rencontre avec la mère supérieure et le plan qu'ils ont établi. Il quitte les deux rescapés pour organiser au plus vite l'expédition. D'abord il envoie un télégramme à Léon Balmat, son ami guide, pour lui annoncer sa visite. Méfiant, il ne donne pas les vraies raisons de sa venue : « Cher ami, nous te serions très reconnaissants de te rendre disponible mardi. J'ai deux compagnons fidèles qui aimerait connaître tes montagnes. Une nuit au refuge à prévoir. Sans matériel. Affectueusement. Henry G. »

Henry court ensuite à la cathédrale où il doit régler quelques affaires.

– Ma sœur est mourante, confie-t-il au curé. Nous nous réunissons dans notre maison familiale pour veiller sur elle. Pourriez-vous m'accorder quelques jours s'il vous plaît ?

– À Lyon ?

– À quelques kilomètres de Lyon, à Irigny. La maison s'appelle Le Vieux Port. J'y ai passé toutes mes vacances enfant. Nous étions huit frères et sœurs, je suis le cinquième.

– Prenez le temps qu'il faudra. Le Seigneur soit avec vous.

– Merci, mon Père. Au revoir.

Henry n'est pas fier de son mensonge, mais il sait que ce ne sera probablement pas le seul. Il se rend chez les sœurs, il faut mettre au point les derniers détails.

– Mon Père, encore vous ! s'exclame sœur Clotilde. Combien de fois nous avez-vous rendu visite au cours du printemps ? Une fois, tout au plus ? Je vous en prie, n'attisez pas la curiosité de nos voisins.

– Vous avez raison, excusez-moi. Je me sens si près du but !

– Malheureusement nous ne sommes qu'au tout début d'une longue lutte.

– Je voulais vous fournir les informations nécessaires à cette première traversée. Je vais partir à Chamonix en train demain matin. Je pourrai ainsi préparer le voyage avec notre guide. Samuel et Simon me rejoindront après-demain. Voici leurs billets. Les papiers seront-ils prêts ?

– Oui, tout sera prêt.

Deux jours plus tard, Henry et Léon retrouvent Samuel et Simon à la gare. Ils ont soigneusement préparé l'itinéraire et rassemblé tout le matériel nécessaire : des manteaux et de grosses chaussettes, des sacs, des cordes, du pain, du fromage, de l'eau... Le lendemain, avant le lever du soleil, les quatre hommes se mettent en route. Après cinq heures de marche, ils passent le col du Tour à plus de 3 200 mètres d'altitude pour rejoindre le refuge Albert-Ier où ils dorment. Ils ne sont plus qu'à quelques kilomètres de la frontière, mais il faut encore avancer trois heures sur le glacier du Trient. Malgré sa santé fragile, Henry est bon marcheur. Il aime l'exercice physique et le calme des hauts sommets. Samuel et Simon, robustes gaillards, courent presque. Léon veille sur eux, il connaît assez la montagne pour s'en méfier.

Ils aperçoivent enfin une cabane au loin, cabane où Henry et Léon ont déjà couché une nuit il y a plusieurs années. Cabane située en Suisse. Henry déclare triomphalement :

– Vous voici en terre libre !

Il embrasse Samuel et Simon. Celui-ci lui glisse :

– Merci, merci, mon Père. J'espère que Sarah et les petits auront autant de chance que moi...

La gorge nouée par l'émotion, il ne peut poursuivre.

– Je prierai pour eux, lui promet Henry. Il faut toujours garder espoir, Simon.

Samuel et Simon ont passé la frontière, ils leur font un dernier signe d'adieu. Henry et Léon repartent soulagés. Leurs poumons s'emplissent d'air, ils oublient presque ces familles disparues. Ils se laissent gagner par la magie du moment, le plaisir physique et la beauté du paysage. Leur attention se relâche, leurs corps ignorent la fatigue quand, soudain, ils trébuchent, puis se mettent à glisser sur la glace. Henry a toujours voulu mourir jeune et il a plusieurs fois cru son heure arrivée. Mais cette chute le prend par surprise, il a peur. Un ressaut les arrête enfin, ils sont sauvés. Les deux amis repartent en silence, concentrés et soucieux l'un de l'autre jusqu'à leur arrivée au refuge. Henry se sent plus vivant que jamais, encore plus décidé à se battre pour les autres.

– Léon ?

– Oui.

– Tu sais, des Samuel et des Simon, il y en a des centaines, peut-être des milliers. J'aimerais organiser une filière pour les aider à passer la frontière. Es-tu prêt à recommencer ?

– Demain, s'il le faut !

– Nous serons plus nombreux la prochaine fois.

À la gare de Chamonix, les deux amis s'embrassent.

– Je me souviens lorsque tu venais te reposer ici. Tu étais si faible, et si triste. Tant de tourments peuvent hanter un adolescent ! Je te vois aujourd'hui solide comme un roc.

– Je le suis, Léon. Ne t'inquiète pas pour moi !

À son retour à Grenoble, Henry raconte la traversée à sœur Clotilde. Ils conviennent d'une prochaine expédition. Cette fois, ils seront douze.

Alors que l'hiver approche, Henry a déjà mené plusieurs traversées réussies, mais la neige rend le passage difficile. Ses absences répétées commencent à éveiller les soupçons de ses voisins et du curé de la cathédrale. Malgré cette situation tendue, le jeune homme a gagné de l'assurance, il sait maintenant sur qui il peut compter et cela n'a pas de prix. Il organise une nouvelle filière pour faire passer les réfugiés sans que sa présence soit nécessaire. Premier maillon de la chaîne, Petit-Pierre, un géant de deux mètres, originaire de Champagne, et Zunio, Gilbert de son nom de guerre, un ingénieur juif qui se cache. Ils développent ensemble un véritable laboratoire de faux papiers. Grâce à certains fonctionnaires résistants, à la mairie ou au bureau de police, ils récupèrent des formulaires de papiers vierges, des tampons et des feuilles signées. À l'aide d'un calque, les faussaires s'entraînent à reproduire telle ou telle signature. Ils fabriquent des tampons en taillant des pommes de terre. Une autre méthode, les «vrais faux papiers», consiste à donner de vrais papiers à un fugitif, papiers ayant appartenu à un mort ou même à une personne encore en vie. Dans certains cas, ils parviennent à transformer l'identité de la personne à partir de ses propres papiers.

Pendant l'élaboration des papiers, il faut héberger les réfugiés. En quelques semaines, Henry a multiplié les points de chute: pensionnats, couvents ou encore appartements de simples paroissiens. Le passage en Suisse se fait toujours à pied, mais sans gravir les sommets. Grâce à la complicité d'un curé, du guide Léon Balmat et d'un douanier gradé, Texier, les évadés franchissent la frontière aux environs de Collonges-sous-Salève, à moins de dix kilomètres de Genève.

Henry ne se ménage pas. Hélas, il ne réussit pas à tous les coups. La guerre charrie tant d'atrocités ! Un jour, c'est un étudiant juif polonais qui réclame son aide. Sur le palier de l'appartement de la place Lavalette, il s'écrie :

– Je vous en supplie, aidez-moi ! Aidez-moi !

– Chut ! Entre vite !

Il raconte une histoire décousue, ses mains tremblent, il est à bout. Il arrive de Valence où il se cachait dans une école et où sa présence a été remarquée, et s'est échappé juste à temps. On lui a parlé d'un certain Henry Grouès, vicaire de la cathédrale de Grenoble. C'est sa dernière chance. Henry comprend vite que son cas est compliqué. Son physique très marqué le rend suspect d'emblée. Il faudra établir des papiers sur des générations et des générations, avec actes de naissance et actes de baptême. Une vieille dame accepte de le loger pendant que l'on s'occupe de son affaire.

Mais le jeune homme perd patience. Chaque jour, il sonne chez l'abbé, qui lui répond inlassablement : « Reste calme... Ne t'inquiète pas, c'est toujours très long de faire des papiers. Cela va bien se passer. » Un matin, l'étudiant interpelle imprudemment l'abbé en bas des escaliers de l'immeuble.

– Silence ! Tu vas nous faire prendre ! Retourne chez toi, et vite ! Je viendrai te voir lorsque ce sera prêt.

Le lendemain, aucune visite ; l'abbé pense qu'il a enfin compris. Le surlendemain, les papiers sont prêts et Henry veut les lui remettre en mains propres.

– Il doit être chez lui, il n'est pas sorti, lui assure la vieille dame.

Chez lui, cela signifie au grenier, sous le toit. Henry grimpe à toute allure les escaliers, impatient de partager une petite victoire avec le jeune homme. Sous les combles, il le trouve sans vie, il s'est donné la mort. Henry pleure en silence.

En novembre 1942, Henry apprend par la radio le débarquement des troupes alliées en Afrique du Nord qui provoque l'invasion de la majeure partie de la zone libre par les troupes allemandes. À la suite d'un accord entre l'Allemagne nazie et l'Italie fasciste, Grenoble, qui se trouvait en « zone libre » depuis l'armistice, sera occupée par l'armée italienne. Avant l'arrivée des soldats, Henry et un groupe de paroissiens s'introduisent dans les casernes pour récupérer les vêtements, les armes et le matériel stockés, qu'ils transportent sur des porte-bagages de vélos, des brouettes ou des remorques. Ils distribuent ce qu'ils peuvent dans la rue et cachent le reste dans des greniers, des garages ou dans des salles paroissiales.

Début 1943, les Allemands ont besoin de toujours plus de soldats sur le front russe. Pour pallier le manque de main-d'œuvre, ils réquisitionnent les jeunes travailleurs français. Le régime de Vichy organise le Service du travail obligatoire, le STO. Des garçons de vingt ans doivent choisir entre l'Allemagne et la clandestinité. Une décision très difficile, car personne ne saurait dire ce qui les attend dans un cas comme dans l'autre.

Après une retraite de quelques jours dans le presbytère d'un village de montagne, Henry décide de se porter volontaire pour partager les souffrances de ceux qui ont rejoint le STO, librement ou sous la contrainte. Sa candidature est rejetée, les Allemands ne veulent pas de prêtres dans leurs usines. Il envisage alors de troquer sa soutane contre le bleu de travail. S'il pointe quelque temps comme ouvrier en France, il pourra se faire envoyer en Allemagne dans un camp. Son plan échoue face au refus catégorique de l'évêque. Henry devra se rendre utile à Grenoble. Au confessionnal, des appelés lui demandent conseil : faut-il y aller ou se cacher ? Il ne répond jamais à leur dilemme, mais leur apporte des éléments pour qu'ils puissent choisir en toute liberté. « Si vous refusez le STO, explique-t-il, vous deviendrez des hors-la-loi et vivrez dans des conditions difficiles. Si vous êtes pris, ce sera une balle dans la tête, sans procès. Mais, en même temps, si vous rejoignez les réfractaires, ce sera pour construire un monde nouveau. Ne désespérez jamais. »

À ceux qui choisissent de rester, Henry indique un lieu où se cacher dans le massif de la Chartreuse : la futaie d'un ami charpentier. Le « maquis palace[1] », comme on le surnomme, se construit autour d'une petite cabane de bûcheron. En ville, Henry organise un « comité de secours » pour alimenter le campement en nourriture et en matériel. Les réserves entreposées lors de l'arrivée des Italiens sont d'un grand secours pour les maquisards qui doivent lutter contre le froid. Henry, que l'on appelle désormais Georges, lance le journal clandestin *Résistance.* Il veut rassembler tous ces jeunes autour de l'espérance, quelles que soient leurs idées politiques ou leurs croyances religieuses. Peu à peu, le maquis se structure autour de chefs comme Petit-Pierre, toujours fidèle à l'abbé. Les jeunes se disputent parfois, ils s'amusent aussi

1. Le maquis désigne le lieu où les résistants s'organisaient pendant la Seconde Guerre mondiale, cachés dans la forêt ou la montagne.

beaucoup. Ils font face aux nécessités du quotidien et essaient d'apprendre le métier de soldat pour prendre part aux combats lorsque le débarquement aura lieu. Henry aime leur rendre visite, il retrouve l'ambiance qu'il a connue chez les scouts. Il souffle ici un insolent vent de liberté.

En juillet 1943, après la chute de Mussolini, les soldats allemands prennent le contrôle de la ville. Les Grenoblois ne pensaient pas regretter un jour les Italiens. Et pourtant, leur occupation était finalement peu contraignante. Avec les Allemands, c'est différent. Depuis leur arrivée, on entend des fusillades en plein jour et personne n'ose braver le couvre-feu. Certains maquisards quittent la Chartreuse pour le Vercors, moins accessible. Petit-Pierre rejoint le maquis de Malleval, à quelques kilomètres du village du même nom, dans le Vercors, où ils sont une cinquantaine. Au sommet des gorges du Nan, on y accède par un raidillon taillé dans la roche. Le paysage est magnifique.

Dans son appartement place Lavalette, Henry est occupé à rédiger son deuxième numéro de *Résistance,* son journal clandestin, quand sa santé s'affaiblit. La fièvre et la toux le terrassent, c'est la diphtérie. Épuisé, il part se ressourcer à Lyon, auprès de son ami, le père de Lubac.

– Vous êtes à bout, vous ne pouvez continuer ainsi, déclare son ami. Vous avez besoin d'une secrétaire. J'ai pour vous une perle rare. Mais attention, elle a un sacré caractère...

– Merci, mon Père.

Une fois rétabli, Henry rentre chez lui et se rend immédiatement à l'Office social de renseignements dirigé par cette femme dont lui a parlé le père de Lubac. Avec ses lunettes et ses cheveux mal coiffés, celle que l'on surnomme « la chèvre » ne soigne pas son apparence. Elle le reçoit dans son bureau, mais, lorsqu'il prononce les mots juifs, papiers et maquis, elle lui fait signe de se taire. « Venez chez moi ce soir », lui demande-t-elle. Henry comprend tout de suite qu'il a gagné le gros lot. Dans l'appartement de la demoiselle, il met toute son énergie à la convaincre de l'aider à publier son journal, elle l'écoute amusée, sa décision est prise depuis leur première entrevue, c'est oui. Trois fois oui.

Lucie a déjà vécu plusieurs vies et rien ne l'arrête. À dix-sept ans, une maladie l'a contrainte progressivement à une immobilisation presque complète. Plâtrée et corsetée, elle est restée allongée sur une planche en bois pendant cinq ans. Lors d'un pèlerinage à Lourdes, elle a miraculeusement guéri. De retour à Grenoble, elle a obtenu un emploi de secrétaire et s'est lancée dans l'activité syndicale. Lorsque la guerre a éclaté, les syndicats ont été dissous et Lucie Coutaz a été nommée directrice de l'Office social de renseignements.

Aux côtés du vicaire, elle remplit son rôle à la perfection. Son patron « officiel » est pétainiste, elle fait avec. Elle parvient à cacher ses émotions les plus vives, son humeur reste toujours égale, sa voix ne faiblit jamais. Avec l'aide des syndicalistes de la Papeterie, elle imprime *Résistance* à cinq cents puis à plusieurs milliers d'exemplaires. « Résistance, c'est ta révolte, c'est ton âme qui ne veut pas se laisser achever», écrit Henry dans les colonnes de son journal.

Pourtant, malgré l'aide de Lucie, Henry est toujours surmené : il est de nouveau atteint de la diphtérie. Il retourne à Lyon, évitant de justesse la perquisition de la cathédrale par les Allemands qui cherchent des éléments de preuve d'actes de résistance. Si Henry avait été présent, les soldats l'auraient certainement arrêté. Sa maladie lui a sauvé la vie ! Il se réfugie dans une maison jésuite à Notre-Dame de Fourvière. Petit-Pierre envoie un garçon d'une quinzaine d'années lui remettre un message urgent : «Père, vous êtes grillé. Restez planqué. Changez de nom.» Henry déclare au jeune homme : «Tu diras à Petit-Pierre que l'abbé Pierre a bien reçu le message.»

Abbé Pierre, voilà sa nouvelle identité.

Henry ne peut se résoudre à rester inactif face aux nombreux appels à l'aide qui arrivent jusqu'à lui. L'une de ses belles-sœurs est apparentée à la famille du général de Gaulle. Elle le sollicite pour organiser le passage en Suisse de Jacques de Gaulle et son épouse. Jusqu'alors relativement épargnés par l'occupation, leur situation devient de plus en plus inconfortable. À Paris, des soldats allemands sont venus fouiller leur appartement en leur absence. Ils doivent quitter le pays au plus vite. Paralysé, le frère du général se déplace en fauteuil roulant. Pour cette opération particulièrement délicate, l'abbé Pierre mobilise son réseau : le curé de Collonges-sous-Salève et le douanier Texier. Il effectue plusieurs voyages de reconnaissance pour localiser un point de passage de la frontière. Le plan prévoit un départ de Grenoble, il prend le risque d'y passer la nuit. Le soir, il dîne dans son appartement en compagnie de Petit-Pierre.

– Radio Paris ment, Radio Paris ment, Radio Paris est allemand, chantonne l'abbé pour chasser le trac.

C'est le générique de l'émission du soir à la BBC, la radio anglaise qui soutient la Résistance. Le speaker prend la parole : « Ici Londres, vous allez entendre les informations en français. Veuillez d'abord écouter quelques messages personnels.»

– Radio Paris ment..., reprend Henry.

– Chut ! coupe Petit-Pierre, l'oreille presque collée au poste.

«La villa est silencieuse. Le chien du jardinier pleure. Le manchot la serre dans ses bras. Nous disons, le manchot la serre dans ses bras, deux fois. Les bombardements sont massifs. L'abbé est nerveux. Nous disons...»

– Mouais, l'abbé est nerveux, grommelle Henry.

– Chut !

«La saison des fraises sera belle.»

Petit-Pierre bondit de sa chaise, les bras dressés en signe de victoire.

– Tu te moques de moi ? s'énerve Henry.

– Calmez-vous, l'abbé. Le frère du général arrivera sain et sauf. J'en suis persuadé. Et moi, je file ! Les gars m'attendent !

– Pourquoi tant de précipitation ?

– La saison des fraises sera belle ! La saison des fraises sera belle !

– Ce qui veut dire ?

– Ils vont parachuter les armes et les munitions sur Malleval !

– Dieu te garde, Petit-Pierre, à bientôt.

Le lendemain, les époux de Gaulle et Henry sont conduits dans une fausse ambulance à Collonges-sous-Salève où ils retrouvent le curé et Texier, le douanier. À quelques kilomètres du poste frontière de Saint-Julien, juste après un virage, une patrouille motorisée fait ralentir le véhicule. Texier, qui est au volant, baisse la vitre et tend le bras, arborant ses galons. Le chef de patrouille hésite, puis fait signe de circuler. Le douanier accélère, soulagé. Quelques minutes plus tard, il se gare à côté d'un champ. Les trois hommes sortent difficilement Jacques de la voiture, puis le portent à bout de bras, son mètre quatre-vingt-dix et ses cent kilos, tout en raideur. Suivis de sa femme, ils parcourent quelques centaines de mètres et se faufilent entre les barbelés. Ils atteignent enfin la Chevrolet qui les attend côté suisse. Opération réussie.

De retour à Lyon, Henry apprend que les armes ont bien été parachutées par des avions anglais, les maquisards bravent la neige et le froid pour les ramasser et les cacher. Cela provoque des rivalités entre les différents groupes qui se battent pour obtenir le plus possible de mitraillettes, grenades, pistolets et autres fusils. « Petit-Pierre doit râler comme jamais ! », pense l'abbé avec tendresse.

Noël approche et l'on entend ici et là qu'on le fêtera à Malleval. Les cinquante maquisards ont tout préparé et des dizaines de villageois se joignent à eux. L'occasion est trop belle d'exhiber sa liberté ! Malheureusement cette fête permet surtout aux Allemands de mieux localiser le maquis. Quelques semaines plus tard, la riposte prend les maquisards par surprise, alors qu'ils allaient dynamiter l'accès à leur camp pour éviter toute intrusion des Allemands. Une énorme opération menée par les nazis provoque l'anéantissement du maquis. Le village est entièrement brûlé. Trente jeunes trouvent la mort. Dont Petit-Pierre. Henry est sous le choc. Il s'en veut de ne pas avoir pu raisonner les maquisards, cette fête de Noël, c'était de la folie. Il revoit son ami bondissant de joie devant le poste de radio. Toute cette jeunesse, quel gâchis !

Plus près de lui, le fort Montluc, prison lyonnaise réquisitionnée par les Allemands, retient des milliers de résistants qui survivent dans des conditions inhumaines et qui sont en attente de transfert vers les camps ou d'interrogatoires sanglants de la Gestapo. Henry connaît nombre d'entre eux et il risque à tout moment le même sort. Bouleversé par ces évènements tragiques et préoccupé par le danger, l'abbé Pierre se laisse convaincre de quitter Lyon pour la capitale.

À Paris, l'abbé Georges Houdin – c'est son nouveau nom –, étudiant en théologie à l'Institut catholique, loge chez un couple d'enseignants rue de Lunain, dans le XIVe arrondissement. En deux mois, les Allemands ont interpellé cinq mille personnes à Paris. Des responsables de la Résistance suggèrent à Henry de rejoindre les Pyrénées pour reconstituer un réseau d'évasion vers l'Espagne. Par des camarades résistants, Henry apprend que Robert, un ami de son frère Daniel, s'est évadé d'un camp en Allemagne. Ils se rencontrent au hasard d'un déjeuner en ville.

– Comment va Daniel ? demande l'abbé, inquiet pour son frère, toujours prisonnier en Allemagne.

– C'est un solide, il s'en sortira ! répond Robert. Et toi, Henry ?

– J'ai repris les études à la Catho, répond-il d'un air entendu.

À la fin du repas, ils s'entretiennent en aparté :

– J'ai appris que tu dois rejoindre les Pyrénées, j'ai quelque chose pour toi, affirme Robert. Tu connais mon activité d'éditeur ? J'ai dans mon catalogue *L'armorial de France*, une encyclopédie des blasons de la noblesse française. J'ai un courrier de Darquier qui me demande un petit service.

– Darquier, le commissaire général aux questions juives ? Tu plaisantes ?

– Il faut parfois savoir composer...

– Composer ?

Henry ne comprend pas où Robert veut en venir.

– Laisse-moi finir. La lettre que je t'ai apportée me demande d'effectuer des recherches sur son prétendu ancêtre le baron Darquier, Basque anobli par Napoléon. Darquier se dit aristo, il veut le prouver. Voici la lettre. Tu pourrais te faire passer pour un auteur de l'encyclopédie, ce qui justifierait ta présence dans les Pyrénées.

En traversant le parc Montsouris pour rejoindre la rue de Lunain, Henry caresse le papier au fond de sa poche. Les pièces du puzzle s'emboîtent les unes dans les autres, son plan prend bonne tournure. Il fait demi-tour pour se rendre immédiatement dans les locaux de l'administration allemande. En présentant le papier signé de la main de Darquier, il obtient sans difficulté un laissez-passer pour le Pays basque.

Grâce au laissez-passer, Henry a pu se rendre dans les Pyrénées où il a retrouvé d'autres compagnons avec lesquels ils ont mis en place une nouvelle filière de passage de la France vers l'Espagne. Mais, en mai 1944, il se fait intercepter à Cambo-les-Bains, à quinze kilomètres de la frontière.

– Vous êtes en zone « montagne », monsieur, s'emporte le policier qui contrôle ses papiers.

– C'est possible, répond Henry.

– C'est certain. Ce document vous autorise à circuler en zone « océan », pas en zone « montagne ». Suivez-moi.

Henry est arrêté. Fatigué par la clandestinité, c'est pour lui un soulagement. On le conduit jusqu'à l'état-major allemand où un officier vient l'interroger. Quelques heures d'attente l'ont aidé à se ressaisir, il tente le tout pour le tout.

– Darquier va être furieux ! Furieux, vous m'entendez ! Furieux !

– Écoutez, nous allons vous garder ici quelques jours, le temps de vérifier vos informations en haut lieu. Vous pourrez loger au presbytère.

– Merci.

Par chance, le vicaire de l'église de Cambo-les-Bains soutient la Résistance, il lui prête son vélo et Henry s'échappe. Il pédale en direction d'Espelette puis de Sare où il abandonne la bicyclette. Henry entreprend l'ascension de la Rhune, un sommet de basse altitude comparé à ceux qu'il a gravis dans les Alpes, mais à la pente très raide. Après deux heures trente de marche exténuante, il rejoint la ville basque de Vera de Bidasoa, côté espagnol. Affamé, il ne peut résister à l'odeur du pain chaud en passant devant une boulangerie. Le boulanger l'accueille, lui offre un quart de miche et lui propose de se reposer une journée chez lui. Ému, Henry lui laisse une image de Notre-Dame de Fourvière qu'il dédicace avec cette phrase de l'Évangile : « Reste avec nous car le soir approche et déjà le jour baisse. »

Déterminé à gagner Alger et la France libre, il repart, mais, toujours dans la ville de Vera de Bidasoa, la garde civile espagnole l'arrête et le transfère à Irun, dans une villa transformée en centre de détention pour les évadés de France. Apprenant que l'évêque de Vitoria (une ville basque à une centaine de kilomètres au sud d'Irun) s'oppose au dictateur Franco et soutient la Résistance, il lui envoie un message. L'évêque intervient, rappelant que d'après le concordat entre le Vatican et l'Espagne, les délits commis par des ecclésiastiques ne relèvent que des tribunaux de l'Église. La présence d'Henry à Vera de Bidasoa ne saurait être acceptée par le Vatican.

Aussitôt, deux gardes civils escortent Henry jusqu'à Madrid. Très maigre et très faible, l'abbé n'est pas un prisonnier difficile à surveiller. Dans le train, les trois hommes jouent une partie d'échecs très disputée !

À son arrivée à Madrid, le 7 juin 1944, les Alliés débarquent en Normandie et Henry est conduit au siège de la Croix-Rouge canadienne. On lui fournit de nouveaux papiers, ceux de sir Harry Barlow, un pilote canadien abattu au-dessus de la Méditerranée. Il voyage en train jusqu'à Gibraltar où Français et Américains l'interrogent. Le 16 juin 1944, Henry arrive enfin à Alger. Là encore, il doit endurer toute une journée d'interrogatoire. Exaspéré, il exige d'entrer en communication avec le cabinet du général de Gaulle.

– Allô, bonjour madame, je suis l'abbé Pierre.

– Bonjour mon Père, répond la secrétaire du général.

– Je suis arrivé sur le sol algérien avec une fausse identité, celle de sir Harry Barlow.

– Que puis-je faire pour vous ?

– Je suis à bout de force.

– Je suis navrée.

– Jacques de Gaulle, le frère du général, vous vous souvenez ? C'est moi qui ai organisé son évasion. Vous me devez bien un petit coup de main. Je suis exténué.

– Votre histoire ne tient pas debout. C'est l'abbé Henry Grouès qui a sauvé Jacques de Gaulle et son épouse.

– Mais oui, Henry Grouès, c'est moi !

– Excusez-moi... Ce n'est pas facile avec tous ces noms, je suis confuse.

Une demi-heure plus tard, une voiture vient le chercher pour le déposer chez une amie du général. Quarante-huit heures de sommeil le remettent d'aplomb, il accepte une invitation pour un déjeuner à la villa des Oliviers, quartier général de l'homme du 18 juin. Très impressionné face au grand homme, il lui fait part de son souhait de s'engager dans l'armée de libération. Le général l'encourage en ce sens. En attendant la mobilisation, on lui demande d'intervenir à la radio pour témoigner de la vie des maquisards. Il choisit d'employer un pseudonyme pour protéger sa famille. Il signe sa déclaration « abbé Pierre ».

À Alger, Henry ne passe pas l'étape de la visite médicale, il ne pourra pas intégrer les troupes du débarquement. On lui propose de rejoindre le Maroc comme aumônier de l'École navale, ce qu'il accepte. Lorsqu'il rentre en France en janvier 1945, ses camarades sont étonnés de le voir en vie. Il pleure les amis perdus et retrouve avec soulagement les autres. François, Petit-Pierre, les gars du maquis, les juifs envoyés dans les camps, les résistants torturés, les enfants enlevés à leurs parents... ne quitteront jamais son cœur. Henry les confie à Dieu et se promet de ne jamais oublier ces années d'horreur absolue. Il a hâte de retrouver l'ingénieur Gilbert, l'éditeur Robert, son frère Daniel, le guide Léon, le père de Lubac, Lucie Coutaz et bien d'autres, tous ces résistants qui portent en eux l'espérance d'un monde nouveau.

Chapitre 2

Le député

Le pays sort ravagé de la guerre. On découvre avec horreur l'atrocité des camps. Les bombardements ont détruit des milliers de logements et d'équipements. Pour se reconstruire, la France a besoin de ses héros. Henry est de ceux-là. Il reçoit de prestigieuses récompenses militaires : la Croix de guerre avec palme, la Croix de la Résistance et la Légion d'honneur, rien que ça. Toujours aumônier de la Marine, il habite à la Maison du marin dans le VIe arrondissement de Paris, mais il voyage beaucoup : en Algérie, au Maroc, en Afrique équatoriale puis dans toute la France. Partout, il témoigne de ce qu'il a vécu tout en transmettant un message d'espérance. Des personnalités de la Résistance, notamment dans l'entourage de Charles de Gaulle, lui demandent de se lancer en politique avec le Mouvement républicain populaire[1]. L'Église verrait d'un bon œil qu'on mette sur le devant de la scène un abbé résistant. Bien qu'une minorité de prêtres aient collaboré avec l'Allemagne nazie, l'Église a majoritairement soutenu le régime de Pétain, ce qui pourrait la fragiliser au sortir de la guerre. L'abbé Pierre hésite, puis il se laisse progressivement convaincre. Un jour, au cours d'un déjeuner avec le général, Henry tente de le sensibiliser aux problèmes quotidiens des Français, notamment la pénurie de lait. Mais, alors président du Gouvernement provisoire, de Gaulle est très loin de tout cela, il ne voit que les choses en grand. C'est

---

1. Fondé en novembre 1944, le Mouvement républicain populaire (MRP) est le parti des résistants démocrates-chrétiens, dont la politique s'inspire de la morale sociale chrétienne. Fidèle au général de Gaulle, ce parti cherchait à dépasser l'opposition classique entre la droite et la gauche.

un déclic pour Henry : la politique lui donnera les moyens de crier sa révolte, ainsi il se rendra utile. Les injustices du quotidien, comme le manque de lait pour les bébés, c'est son affaire. Peu importe la raison d'État, seule la raison de Dieu l'intéresse.

Sa hiérarchie catholique lui donne le feu vert. Il choisit au départ de rester candidat indépendant apparenté MRP. Il se présente en Meurthe-et-Moselle, département qu'il connaît à peine. La campagne n'a pas encore commencé que son emploi du temps ne tient pas dans vingt-quatre heures, ni dans une semaine. Un courrier de ministre s'accumule sur son bureau. Il lui manque son bras droit, celle avec qui il a partagé les pires moments de la Résistance grenobloise : Lucie Coutaz. Il est gêné car il n'a pas donné beaucoup de nouvelles depuis sa grande aventure basque. Il apprend qu'elle vit à Paris et parvient à lui donner rendez-vous dans son bureau de la Maison du marin. Lorsqu'ils se retrouvent, son ancienne secrétaire l'accueille sèchement :

– Je vous ai cru mort !

– Je suis plus vivant que jamais.

– Vous êtes bien maigre...

– C'est que je ne compte pas mes heures. Je suis en campagne. Regardez mon agenda, toutes ces lettres, ces dossiers, je suis perdu... aidez-moi ! S'il vous plaît, mademoiselle, j'ai besoin de vous...

– Quel culot ! Vous disparaissez, réapparaissez, manigancez en politique, oubliez les amis de jadis et, moi, je devrais être à votre disposition !

– C'est vrai que j'ai du culot, là réside toute ma force. Pardonnez-moi, mademoiselle, et suivez-moi.

– Je vais réfléchir.

Elle le salue à peine en partant. La semaine qui suit semble interminable, Henry se lamente sans cesse, il a presque envie de tout arrêter. Heureusement, Lucie finit par lui rendre visite : elle accepte la fonction d'assistante du candidat au poste de député. Ravi, Henry n'ose trop manifester sa joie tant sa secrétaire semble encore froissée.

Le prêtre peut maintenant se lancer tout à fait en campagne. Avec son béret, sa canne, sa barbe et sa soutane bardée d'insignes, il parcourt le département de Meurthe-et-Moselle. Chaque meeting constitue un nouveau combat et Henry donne tout. Sur le terrain, il ne ferme pas les yeux face à la misère, au contraire. Il parle sans détour, à cœur ouvert. « Vous n'êtes pas comme les autres », lui dit-on souvent. À Lunéville, en plein discours, un cri s'élève de la foule : « Les curés, à la sacristie ! » Henry s'emporte :

« Pendant la guerre, j'aurais pu y rester bien au chaud, à la sacristie ! J'ai grimpé les sommets pour faire passer les frontières suisse ou espagnole, j'ai marché des kilomètres et des kilomètres sur les sentiers de la Chartreuse et du Vercors pour organiser le maquis. Ils étaient bien contents, ces gens-là, de le trouver, le curé ! » Après un court silence, la foule applaudit enfin... C'est gagné !

Henry est élu député de Meurthe-et-Moselle en octobre 1945. Il a trente-quatre ans. Il partage dorénavant son temps entre l'Assemblée nationale et sa circonscription. Il reçoit toujours autant de lettres, principalement de gens du peuple, contrairement aux autres élus. On lui parle retraite, dommages de guerre, allocations familiales, logement...

Sur les bancs de l'Assemblée, pendant les longs discours techniques de ses collègues, Henry s'ennuie. Il essaie dès qu'il le peut d'attirer l'attention sur les problèmes sociaux. Il se prononce contre la guerre en Indochine et il propose une loi pour que soit reconnu le statut d'objecteur de conscience. Ce statut permettrait à des hommes de refuser de faire leur service militaire et de se battre dans l'armée, au nom du respect absolu de la vie humaine. Avec son franc-parler, il agace parfois les élus, mais sa répartie le sort de toutes les situations. Parallèlement à son rôle de député, Henry s'engage dans un mouvement international pacifiste dont l'objectif est d'organiser des élections dans tous les pays pour élire un gouvernement mondial. C'est ainsi qu'il rencontre Garry Davis, un personnage haut en couleur. Fils d'une chanteuse et d'un acteur hollywoodien, il a contribué à la mort de milliers de civils en pilotant des bombardiers pendant la guerre. Il sort bouleversé de ces nuits de combat. Pour crier sa révolte à la face du monde, il déchire son passeport devant l'ambassade américaine à Paris. Il plante une tente sur l'esplanade du Trocadéro où il s'installe. Il fabrique un passeport sans nationalité, avec la mention « citoyen du monde », pour lui, puis pour de nombreuses personnalités et quelques anonymes. Séduit par tant d'audace, Henry apporte publiquement son soutien à Garry. Il l'accompagne lors de différentes conférences, aux côtés d'Albert Camus ou d'André Gide. Le rôle d'Henry dans ce mouvement lui vaut aussi une rencontre avec Albert Einstein à l'université de Princeton, dans le New Jersey. Henry n'hésite pas à le questionner sur la bombe atomique. Profondément pacifiste, Einstein explique qu'il a d'abord refusé de poursuivre ses recherches sur l'atome jusqu'à ce qu'on lui apporte la preuve que les nazis s'apprêtaient eux aussi à fabriquer la bombe. D'après le savant, la bombe atomique n'est rien à côté de deux autres explosions qui attendent l'humanité : l'explosion de la vie, avec un accroissement considérable de la population, et l'explosion de l'information. Grâce au développement technologique, les plus pauvres auront bientôt connaissance de la richesse des plus riches et de l'absurdité de leur pauvreté. Un nouveau partage sera alors nécessaire. L'abbé l'écoute captivé. Einstein démontre par A + B pourquoi la fraternité doit l'emporter. Henry ne cherche pas à le prouver, même si l'exercice intellectuel lui plaît, il le vit tous les jours dans la prière et dans l'action.

Depuis son élection, Henry a quitté la Maison du marin pour un petit appartement parisien. Peu après son emménagement, on le chasse pour louer deux fois plus cher à des Américains. Lucie Coutaz lui déniche un autre logement, mais, après quelques mois seulement, la propriétaire passe à l'improviste. Elle découvre horrifiée des rayonnages en bois dans la salle de bains. Henry a bricolé ce meuble pour y ranger ses nombreux dossiers de député. Elle s'écrie :

– Mais enfin, monsieur l'abbé, qu'avez-vous fait là ? Vous oubliez que vous êtes prêtre, pas menuisier ! Vous avez mieux à faire !

– Bien au contraire, madame, rétorque-t-il. Je suis au service de Jésus, fils de charpentier !

La plaisanterie n'amuse pas cette dame très à cheval sur les principes.

– Peu importe, ce meuble est horrible ! s'emporte-t-elle. La pièce est défigurée. Nous allons devoir tout refaire ! En attendant, je vous demande de partir dès que possible.

Après plusieurs semaines de recherches infructueuses, Henry tombe par hasard sur une vieille maison en ruine située au 38, avenue Paul-Doumer, dans la ville de Neuilly-Plaisance, à quatorze kilomètres à l'est de Paris. Le propriétaire accepte de la louer pour trois fois rien. La maison est grande, mais tout est à refaire : il pleut dans la cuisine, le plancher du premier menace de s'écrouler, les vitres sont cassées, les radiateurs ont explosé à cause du gel, l'électricité ne fonctionne plus, le jardin est envahi par les ronces... Henry a toujours été très bricoleur, ce n'est pas sans raisons que les scouts l'avaient baptisé « castor méditatif ». Plus moqueurs, ses frères évoquaient régulièrement son style « Louis Caisse », ses meubles étant aussi inesthétiques que de simples caisses de bois, par opposition aux meubles raffinés de style

Louis XVI, par exemple. Après les séances parlementaires, il se précipite chez lui pour poursuivre les travaux en cours, « pour se détendre » comme il l'affirme. Il fait également appel à quelques artisans locaux et il se fournit dans les marchés aux puces. Autrefois bourgeoise, la demeure retrouve vie dans un style plus baroque. Henry a aménagé une chambre et un bureau pour lui, une chambre pour Lucie Coutaz, une salle de réunion, une chapelle et des chambrettes sous les combles. La maison est maintenant habitable, elle peut ouvrir ses portes aux jeunes de passage. Henry ne saurait vivre seul dans un espace aussi vaste, il veut partager.

Avec tous ses voyages dans le cadre du mouvement des « citoyens du monde », l'abbé Pierre multiplie les rencontres. La nouvelle se propage vite : à deux pas de Paris, on peut loger gratis pour quelques nuits. Des jeunes de tous pays viennent y loger pour de courts séjours. Le soir, ils sortent les guitares et refont le monde. La journée, ils mettent la main à la pâte pour entretenir les lieux. Henry obtient même le statut d'auberge de jeunesse pour cet espace de rencontre, d'échange et de partage. Il ne lui manque qu'un nom. Il se souvient d'une troupe de guides aînées qu'il suivait au début de la guerre, elles avaient choisi le nom d'Emmaüs, un lieu où deux désespérés ont retrouvé l'espérance et la foi. Le troisième jour après la mort de Jésus, deux disciples faisaient route vers Emmaüs, un village situé à deux heures de marche de Jérusalem. Sans le savoir, ils rencontrèrent Jésus, marchèrent à ses côtés et lui racontèrent leur tristesse et leurs doutes. Alors que leurs chemins se séparaient, l'un d'eux dit à Jésus : « Le jour baisse, reste avec nous. » Le soir, à table, ils reconnurent le Messie qui disparut aussitôt ; les deux disciples retournèrent à Jérusalem proclamer leur foi. Marqué par ce passage de l'Évangile selon saint Luc, l'abbé Pierre décide de nommer le 38, avenue Paul-Doumer « Emmaüs ». Il inscrit ces quelques lettres sur une pancarte, qu'il accroche un matin à la grille, sous le regard étonné d'un groupe de baroudeurs.

En France, la situation économique et sociale ne s'améliore pas. Les travailleurs se mettent en grève les uns après les autres : les ouvriers de Renault, les gaziers, les électriciens, les cheminots... À Marseille, on annonce une nouvelle hausse du prix du ticket de tramway. C'est l'étincelle qui provoque la grève générale. La France est paralysée et on envoie les CRS pour tenter de briser les grèves, mais cela conduit à une escalade de la violence. À l'Assemblée nationale, Henry, qui a rejoint le MRP, monte à la tribune :

« Le vrai problème, c'est la misère. La misère n'est pas un prétexte, mais une réalité ! Après ces années de restriction et de grand malheur, le peuple souffre toujours et il ne peut supporter cette injustice. Vous ne pouvez fermer les yeux plus longtemps ! Il faut mener une véritable politique de solidarité, concrète et efficace. Si vous continuez ainsi, ces pauvres gens se tourneront vers le communisme ! »

Les députés applaudissent. Mais applaudir ne suffit pas. Henry se sent de plus en plus en décalage avec ses collègues du parlement. Il sert d'agitateur à diverses occasions, mais, ni technicien ni tacticien, il prononce des discours qui se traduisent rarement dans les textes.

Emmaüs occupe de plus en plus de place dans la vie du prêtre député. Il accueille maintenant des prêtres-ouvriers et il dépanne pour quelques nuits des familles de passage. Tout ce qu'il possède, l'abbé Pierre veut le partager. Dès l'âge de dix-huit ans, en rejoignant les capucins, il avait fait vœu de pauvreté et renoncé à son héritage. Son père, qui avait construit seul sa fortune, lui avait toujours enseigné le don de soi. Malgré sa maladie, Antoine Grouès avait consacré une grande partie de son temps aux pauvres. Un dimanche matin, Henry avait douze ans, son père avait simplement dit à sa femme Eulalie : « J'emmène les garçons. » Henry et son frère Léon ne savaient pas où ils allaient et cela avait été une grande surprise. Ils étaient habitués à Ainay, dans la Presqu'île à Lyon, un quartier de bourgeois coincés dans leurs principes et leurs manières. Après un long trajet en tramway, ils étaient arrivés à la cité Rambaud, de l'autre côté du Rhône. Les mauvaises odeurs leur étaient montées à la tête, ils n'avaient jamais traversé de rues aussi sales. Dans un réfectoire, des dizaines et des dizaines de vieillards en guenilles attendaient. Antoine Grouès avait rejoint ses amis du gratin lyonnais : des chefs d'entreprise et un général à la retraite. Ils avaient quitté leurs vestes et retroussé leurs manches pour couper les cheveux des miséreux, les raser et leur servir le petit-déjeuner. Membres de la confrérie des Hospitaliers-Veilleurs, ils venaient ici chaque semaine.

– C'est mal fait ! avait crié un mendiant à Antoine. On ne m'a jamais si mal rasé ! Il me faut un vrai barbier ! Un vrai !

Il avait les yeux injectés de sang, les joues gagnées par la couperose, et l'haleine chargée d'alcool. Silencieux, le père d'Henry avait repris son blaireau, fait mousser le savon puis repassé le rasoir avec un soin extrême. Sur le chemin du retour, il avait confié à ses enfants :

– Vous avez vu comme il m'a parlé ! Pauvre homme. Il est si difficile de venir en aide aux plus malheureux.

Henry a été profondément frappé par un autre épisode de son enfance. Un jour, alors qu'il avait chipé un pot de confiture sur la table de la cuisine, il avait menti et accusé un de ses frères. La bonne l'avait surpris en flagrant délit, et son père était intervenu.

– Henry, tu as volé et menti. Tu n'iras pas à la fête jeudi !

Il avait jugé la punition bien sévère, mais il avait gardé le silence. Les enfants Grouès étaient invités chez des cousins qui les faisaient toujours rêver avec leurs nouveaux jouets. Emmanuel, Élisabeth, Noëlle et Léon avaient passé ainsi la journée à s'amuser avec des jeux flambant neufs, pendant qu'Henry avait tourné en rond dans le grand appartement lyonnais. Lorsque ses frères et sœurs étaient rentrés, Léon s'était pressé de raconter la journée à Henry.

– Il y avait un tir aux pigeons en carton qui tourne tout seul et sur lequel on envoie des flèches avec un bout en caoutchouc...

Henry l'avait coupé :

– Qu'est-ce que tu veux que ça me fasse puisque je n'y étais pas.

Henry lui avait tourné le dos et avait quitté la pièce, sûr de son fait. Une demi-heure plus tard, son père l'avait convoqué dans son bureau, la mine défaite.

– Henry, je t'ai entendu parler à ton frère. Alors tu n'es pas heureux lorsque les autres le sont ? Il n'y a que toi qui comptes ! Que c'est mal... Te sens-tu incapable d'être heureux quand les autres sont heureux ?

Le garçon comprenait qu'il n'était pas question de punition. Il ne voyait que la tristesse de son père, une tristesse peu habituelle pour un homme de sa carrure, lui le dirigeant d'entreprise, le chef d'une famille nombreuse, le riche propriétaire lyonnais, le catholique droit et discret. Henry se sentait tout chose. Il était stupéfait par la profondeur de cette confidence. Il n'y avait ni jugement ni véritable reproche. Son père était malheureux parce que lui, Henry, son fils, n'était pas bon.

Un jour de novembre 1949, on vient chercher l'abbé Pierre dans la maison de Neuilly-Plaisance : un homme a tenté de se suicider, il est prêt à recommencer. Henry se rend immédiatement auprès de lui, à Villemonble, à quelques kilomètres d'Emmaüs. Au départ muré dans son mutisme, Georges finit par raconter :

– J'ai tué mon père. C'est ma belle-mère que je voulais descendre, il s'est jeté sur elle pour la protéger et a reçu la balle en plein cœur. Ma belle-mère me haïssait. Elle avait envoyé des lettres à ma fiancée pour la décourager de se marier avec moi. Quand j'ai appris ce qu'elle avait fait, il était trop tard, ma fiancée avait fichu le camp, j'étais en rogne, je n'ai pas réfléchi, j'ai attrapé le fusil du grand-père et j'ai visé. Je me suis retrouvé en taule, j'en ai pris pour perpét. Au bout de vingt ans, il y a eu un incendie et j'ai sauvé le directeur de la prison, cela m'a valu d'être gracié, ils m'ont libéré. Libre, ça paraît bien comme ça, mais, moi, j'en ai rien à faire de leur liberté. Je suis tout seul, je n'ai pas d'endroit où aller, je veux crever !

– Tu veux te tuer ? demande Henry. Alors tu es libre, tu n'as rien à perdre. Moi, je suis débordé, je ne sais plus comment faire avec tous ces gens qui sonnent à ma porte. Alors, puisque tu es libre, je te le demande, Georges, aide-moi. J'ai besoin de toi.

– Hum.

– Mes poches sont vides, je n'ai rien à te donner. Toi, tu peux m'aider. Reste avec moi. Emmaüs sera ta maison.

– Pourquoi pas, l'abbé ? Je veux bien essayer, répond Georges après un long silence.

Georges s'installe à Neuilly-Plaisance. Il s'habitue à la maison qui devient peu à peu la sienne, il participe à l'entretien, bricole, accueille les voyageurs qui se font plus rares en dehors des vacances scolaires. Son histoire se raconte dans les environs et on ne tarde pas à envoyer d'autres cas désespérés à Emmaüs. Moustique rejoint Georges, suivi de René, puis de Jean et de César. Ils forment progressivement, sans que cela soit formellement reconnu, une communauté. Ils vivent grâce au salaire de député d'Henry. Toujours très occupé par son activité d'élu, celui-ci laisse Lucie garante du respect des règles de la vie commune. Les compagnons la surnomment affectueusement « Lulu la Terreur » ou la « Tour de contrôle ». Ils ont le cœur sur la main, mais ce ne sont pas des anges. Certains, comme Moustique, sont alcooliques et les soirées peuvent parfois dégénérer.

Un soir, on frappe à la porte, Henry se lève pour ouvrir, près à accueillir un nouveau vagabond au bout du rouleau. Mais c'est toute une famille qui se présente : les parents et trois enfants. Dans la cuisine, les compagnons en restent muets, ils dévisagent les nouveaux arrivants.

– Que se passe-t-il ? questionne Henry.

– Nous avons été expulsés de notre logement.

– Expulsés ?

– Je suis un bon travailleur, mais la vie est chère et j'avais du retard dans le loyer. Ma femme s'occupe des petits toute la journée. On nous a mis dehors, comme des moins que rien. Ils ont jeté le berceau par la fenêtre, dans la boue. Le linge, la vaisselle, tout ! Nous avons erré dans le froid, et puis je me suis souvenu que quelqu'un avait parlé d'un curé qui vit dans le manoir...

– Georges et Moustique vont aller chercher vos affaires, intervient Henry. On va vous faire de la place.

L'abbé installe toute la petite famille dans la chapelle, il dira sa messe dans la cuisine. Le soir, l'image du berceau jeté par la fenêtre ne le quitte plus. Il se souvient que, enfant, il faisait du vélo dans le long couloir de l'appartement de la rue Sala. Ils étaient huit enfants et chacun dormait dans sa chambre. Pour les vacances, ils allaient dans la belle maison d'Irigny, qui est toujours son port d'attache. Henry prie toute la nuit, assis dans son fauteuil, comme il l'avait fait lorsque Samuel et Simon lui avaient demandé refuge. Il pense aux deux juifs qu'il avait aidés. Que sont-ils devenus ? Ont-ils retrouvé leurs familles ? Font-ils partis des millions de victimes civiles de la guerre ? Au petit matin, il n'a plus qu'une idée en tête, construire un logement pour la famille expulsée. Il confie sa colère à Lucie, elle aussi levée de bonne heure.

– Mon Père, il y a bien quelques champs en friche dans les environs, n'est-ce pas ? lui suggère Lucie Coutaz.

– Vous avez raison, il y a de nombreux terrains. Il faudrait que nous puissions acquérir un de ces champs.

– Ce n'est pas si simple, les caisses sont vides et le mois n'est pas terminé...

– On se débrouillera. Je vais voir le maire ce matin même.

À la mairie, il apprend que les terrains appartiennent bien à la commune, mais le maire n'est pas disponible et on lui accorde un rendez-vous pour la semaine suivante. L'attente lui semble intenable. Tous les soirs, il part avec Georges et un ou deux volontaires faire le tour des environs pour apporter un peu de réconfort à ceux qui vivent dans la rue. Sous les ponts, sur les bouches d'aération du métro, sous des cabanes de fortune, des miséreux se terrent. Ils leur servent une boisson chaude et leur proposent de les suivre chez Emmaüs.

Le matin du rendez-vous tant attendu avec le maire, Henry boit son café avec Lucie Coutaz. Pendant cette semaine qui lui a semblé si longue, il a rencontré tant de miséreux lors de ces tournées nocturnes qu'il se sent prêt à tout pour convaincre le maire. L'attente a du bon, le mois est fini, et Lucie lui apprend qu'il a reçu son indemnité de parlementaire.

Le maire de Neuilly-Plaisance accepte bien volontiers de vendre un terrain situé dans sa commune, mais il ne peut le brader. Henry parvient à le convaincre de payer en plusieurs fois, il lui remet sur-le-champ tout son salaire mensuel. Le maire lui rappelle l'obligation de déposer un permis de construire, Henry acquiesce. Les deux hommes se serrent la main.

L'abbé Pierre rentre annoncer la bonne nouvelle à ses amis. Une fois la transaction signée et les autorisations obtenues, ils pourront commencer les travaux. Cela permettra aussi d'occuper utilement les compagnons, qui ont tendance à boire et à se disputer lorsqu'ils restent inactifs.

Henry repart aussitôt à l'Assemblée nationale où une séance parlementaire l'attend. Il a une idée derrière la tête : tous ces députés gagnent bien leur vie, il va leur demander une petite contribution. Après la séance, il parcourt les couloirs de l'Assemblée arrêtant tous ceux qu'il croise pour leur décrire son projet de construction destiné à une famille sans toit. Une fois le premier parlementaire convaincu, les suivants s'empressent d'imiter leurs voisins et de faire savoir qu'ils sont, eux aussi, charitables. Cette générosité contagieuse, probablement non dépourvue de quelques mauvais sentiments, permet à l'abbé de réunir une somme suffisante pour acquérir le terrain.

En quatre mois, les compagnons d'Emmaüs construisent leur premier logement, la Maison du Pont. Ils avaient obtenu un permis pour une surface de six mètres sur sept, ils ont pris quelques libertés en poussant jusqu'à six mètres sur vingt-deux. Un contrôle de police a failli leur coûter la destruction, mais Henry a défendu le chantier avec passion, les agents ont fermé les yeux tout en le mettant en garde : « C'est la dernière fois. » La famille hébergée dans la chapelle déménage à la Maison du Pont. Alors qu'il conduit le vieux camion de la communauté rempli des affaires des cinq nouveaux habitants, Georges se confie à Henry :

– Vous m'avez sauvé la vie. Vous auriez pu me donner une pièce ou un coup de pied aux fesses, mais vous m'avez donné une raison de vivre. Sans vous, je ne serais rien.

– Des gars comme toi, il en faudrait des centaines et nous pourrions changer l'univers. Grâce à Dieu, tu es là. Tu as vu cette maison que nous venons de construire ? Et tu m'expliques que, sans moi, tu n'es rien ? Eh bien, moi, je te le dis, sans toi, je ne suis rien. Ensemble, nous sommes plus forts que toutes les injustices.

La double casquette de bâtisseur et d'élu devient difficile à porter pour Henry. En juin 1951, il perd son siège de député aux élections. C'est un soulagement, il pourra se consacrer entièrement aux plus démunis. Quelques semaines après cet échec électoral, alors qu'il effectue sa tournée nocturne habituelle, Henry aperçoit une bâche sous un pont. Il s'approche pour la soulever, une main s'agrippe pour la retenir. Une femme sort la tête et le regarde, effrayée.

– Vous vivez là ? demande l'abbé.

Elle ne répond pas. Henry entend des pleurs.

– Vous avez un bébé ?

Toujours muette, elle lui tend son livret de famille.

– Il y a trois enfants inscrits, où sont les autres ?

Elle ouvre enfin la bouche :

– Ils sont morts, monsieur le curé.

– Comment ?

– De froid ou de faim, je ne sais plus très bien.

– Oh, ce n'est pas possible ! Madame, vous ne pouvez pas rester ici, avec le petit en plus ! Venez, suivez-moi, nous allons vous aider.

Henry les accompagne avenue Paul-Doumer et la chapelle se transforme de nouveau en chambre pour accueillir la mère et son enfant. La Maison du Pont, que les compagnons viennent de bâtir à Neuilly-Plaisance, héberge maintenant cinq familles, elle affiche complet. Henry doit acquérir un nouveau terrain au plus vite. Le lendemain matin, il se rend à la mairie pour demander l'aide du maire qui est devenu son complice.

– Nous manquons encore de place, je cherche un terrain, explique l'abbé.

– Il y a sept mille cinq cents mètres carrés à vendre à Neuilly-sur-Marne, mais cela risque de faire trop pour vous, non ?

– Pas du tout, je prends !

– Il faudra négocier avec mon homologue.

De retour à Emmaüs, Henry décrit le terrain avec enthousiasme.

– Nous n'avons plus un sou, l'abbé, s'inquiète Georges.

– Depuis que vous ne travaillez plus, on ne touche plus votre salaire de député, on doit se serrer la ceinture. On ne peut pas s'endetter pour un terrain aussi grand, ça n'est pas possible ça, mon Père..., complète Moustique.

– Ce n'est pas raisonnable, ajoute Lucie Coutaz.

– Mieux vaut commencer petit, *pianino pianino*, lance César.

– Mais pas du tout ! réplique vivement l'abbé. Puisque nous n'avons pas de quoi payer, autant prendre le plus grand possible ! Au moins on ne s'endette pas pour rien !

Accompagné de Lucie Coutaz, Henry parvient à négocier un prêt financier avec le maire de Neuilly-sur-Marne.

– Pensez bien au permis de construire, lui glisse-t-il après la signature.

– C'est une manie chez vous, les permis de construire ! rigole l'abbé.

Le lendemain, Henry et les compagnons montent en urgence des baraquements sur le terrain et ils plantent un panneau : « Association de campeurs ». Les travaux peuvent maintenant commencer : objectif, dix-neuf maisons, ce sera la cité de Champs-fleuris. Mais un inspecteur de police ne tarde pas à débarquer.

– Bonjour, monsieur l'abbé, commence-t-il.

– Bonjour, monsieur l'inspecteur.

– Cela ressemble à un chantier ici, n'est-ce pas ? demande-t-il au prêtre.

D'un geste vague, il désigne le terrain, ajoutant :

– Pourriez-vous me montrer votre permis de construire, s'il vous plaît ?

– Je ne l'ai pas sur moi, prétend Henry.

– Je me vois dans l'obligation de vous rappeler fermement qu'il est interdit de construire sans permis.

– C'est un campement, monsieur l'inspecteur.

Mais l'inspecteur n'est pas dupe.

– Et ces fondations ressemblent à une tente peut-être !

– Les papiers sont chez moi.

– Je reviendrai. Si vous n'êtes pas en règle, nous fermerons le chantier.

Le soir, avec Lucie Coutaz, ils décident d'éplucher tous les textes de loi dans l'espoir d'un mot qui sauverait leur projet. C'est ainsi qu'ils découvrent qu'on ne peut démolir une maison en construction lorsque le toit est déjà posé. Le lendemain, Henry et les compagnons hissent des planches sur des piquets au-dessus des fondations ; ainsi chacune des dix-neuf maisons dispose-t-elle d'un toit. Quelques jours plus tard, l'inspecteur revient, cette fois accompagné de plusieurs agents.

– Veuillez nous présenter votre permis de construire, monsieur l'abbé.

– Nous n'avons pas de permis de construire, reconnaît Henry. Que préférez-vous ? Que des hommes meurent légalement de froid ou qu'ils vivent illégalement ? Je vous préviens, je vais planter une pancarte sur laquelle je vais inscrire « Permis de vivre » et j'épinglerai sous l'inscription tous leurs actes de naissance. Si vous me réclamez encore un permis de construire, j'appellerai la presse et nous verrons ce qu'en pensent nos compatriotes.

L'inspecteur part sans rien ajouter. En fermant les yeux, il risque de commettre une faute professionnelle, mais s'il ordonne l'arrêt du chantier et que la presse est alertée, sa hiérarchie pourrait le lui reprocher. Il enverra un recommandé, pour la forme. De fait, quelques jours plus tard, Henry reçoit un courrier le sommant d'interrompre son chantier. Une autre lettre de l'administration lui parvient en même temps : on lui demande s'il peut accueillir quelques sans-logis dans son campement de Neuilly-sur-Marne. Il retourne à chaque administration une copie de la lettre de l'autre pour les mettre face à leurs contradictions. Il s'en est bien tiré, une fois de plus ! Mais pourra-t-il continuer ainsi, contournant les lois et négligeant ses finances ?

Chapitre 3

Le chiffonnier

Le 17 avril 1950 à Brest, lors d'une manifestation d'ouvriers en grève, un militant syndicaliste est tué par les forces de l'ordre d'une balle en pleine tête. La direction du MRP ne fait aucune déclaration ; Henry ne peut accepter ce silence après de telles violences. Un an plus tôt, il s'était déjà désolidarisé de son parti en votant contre la ratification du traité de l'Atlantique Nord, refusant de cautionner la division du monde en deux blocs. Lors d'un débat sur l'objection de conscience, on lui avait reproché de parler – trop fort – alors qu'il avait lui-même combattu pendant la guerre. Aux côtés de Gide et de Camus, il réclame l'admission à l'ONU de la Chine populaire, peuplée de quelque cinq cents millions d'habitants. Il milite aussi pour que le budget de la défense de chaque pays soit réduit au profit d'une Assemblée constituante mondiale dont les membres, élus par les peuples du monde entier, auraient vocation à rédiger une Constitution mondiale. Cette proposition est considérée comme totalement utopique par la plupart des élus. C'en est trop pour Henry qui démissionne avec fracas du MRP, publiant une lettre ouverte et expliquant ses positions à toute oreille disponible. Nous sommes à quelques mois des législatives, ce n'est pas le moment d'abandonner tout à fait. Il constitue une liste dont les membres ne sont affiliés à aucun grand parti, des « clochards » selon l'extrême droite. Il obtient un score honorable aux élections, mais insuffisant pour siéger, notamment à cause d'une nouvelle loi défavorable aux petits partis indépendants.

Henry s'attendait à la défaite, c'était presque couru d'avance. Il pourra désormais se consacrer pleinement aux plus démunis, mais cela pose un problème de taille : il n'a plus de revenus et son portefeuille est vide. Dix-huit compagnons vivent maintenant à Emmaüs, ils travaillent sur un nouveau chantier qui permettra de loger plusieurs familles. Cela ne rapporte rien et il faut nourrir les travailleurs fatigués par l'effort.

Henry pense à tout cela en marchant d'un bon pas en direction du palais Bourbon, un paquet de tracts à la main. Un morne soir d'automne, en 1951. Il n'aurait jamais imaginé mendier un jour. « C'est le seul moyen », se répète-t-il intérieurement, comme s'il devait encore s'en convaincre. Il éprouve une certaine fierté à s'infliger une telle humiliation, lui qui est né avec une petite cuillère en argent dans la bouche. Ainsi partage-t-il le sort des miséreux. Lorsqu'il faut enfin se lancer, ses mots restent hésitants :

– Madame, madame, excusez-moi, tenez, prenez, regardez, je vous en prie...

« Un, deux, trois bébés sont morts, ici à deux pas de chez toi, ce soir... parce que pas de maison, pas d'argent. »

« En plein XXe siècle, en pleine science, en plein pays dit chrétien, ça... »

« ET TOI ? QUI ES-TU ? QU'AS-TU FAIT ? », peut-on lire sur les tracts imprimés la veille chez un ami.

Progressivement, Henry prend de l'assurance :

– Vous ne pouvez rester les bras croisés, un bébé meurt de froid pendant que je vous parle !

Sur le boulevard Saint-Germain, il interpelle les passants, entrant dans les cafés et les boutiques. On le regarde avec pitié, on l'écoute aussi, il reçoit quelques pièces ici et là. Lorsque tous les tracts ont été distribués, il rentre à reculons à Neuilly-Plaisance, comme s'il avait commis une grosse bêtise et qu'il voulait retarder le moment des remontrances. La honte mêlée à l'orgueil le submerge, il se met à pleurer. « Mon Dieu, aidez-moi, aidez-moi ! », supplie-t-il, comme aux pires moments de son adolescence, quand il n'avait plus de goût pour la vie.

Néanmoins, de retour à Emmaüs, il remet son butin à Lucie en déclarant :

– Cela suffira au moins pour le dîner, n'est-ce pas, mademoiselle ?

– Certes, mais où avez-vous trouvé cet argent ?

Il ne répond pas, Lucie devine.

– Oh, ce n'est pas bien, Père, vous le savez...

– Ne dites rien aux compagnons, s'il vous plaît.

Chaque fin de journée, Henry arpente les beaux quartiers parisiens, de plus en plus désireux de partager sa colère et de déstabiliser les bonnes consciences. Trois jours après sa première sortie, en ouvrant la boîte aux lettres, Lucie découvre avec surprise une dizaine de plis qui ne ressemblent pas à des factures. Les enveloppes renferment de l'argent en espèces et en chèques ! Elle remet à Henry une lettre anonyme :

« Merci, mon Père, vous m'avez réveillé. Grâce à vous, ma foi renaît. »

Les larmes aux yeux, Henry enfonce le papier dans sa poche, il l'épinglera au-dessus de son lit.

– Vous voyez, mademoiselle, j'ai bien fait !

– Oui, vous avez bien fait de donner notre adresse sur vos tracts. Mais vous ne pouvez continuer ainsi. J'ai obtenu un poste de secrétaire à mi-temps, cela devrait renflouer les caisses. Et nous trouverons autre chose, j'en suis sûre...

L'après-midi, on sonne à la grille. Un homme vêtu d'un costume sombre et d'un chapeau en feutre, une mallette noire à la main, se tient devant la porte, de toute évidence il ne vient pas grossir les rangs des compagnons. Sans prononcer un seul mot, il suit Lucie dans la cuisine et lui remet un paquet entouré de papier journal et de scotch marron. Il repart aussitôt, sans attendre qu'elle l'ouvre. Henry qui a suivi la scène de loin, la rejoint, ils déballent ensemble le colis.

– Des billets de banque ! s'exclame Henry.

– Un malfrat qui veut se racheter, soupire Lucie.

– Un ange envoyé par le Bon Dieu ! rétorque-t-il. Nous avons maintenant de quoi voir venir !

– Sans vouloir jouer les rabat-joie, cela ne nous permettra même pas de rembourser nos dettes...

À ce moment, Georges, Moustique et René entrent bruyamment, ce dernier brandissant un tract de l'abbé.

– C'est quoi, ce papier, l'abbé ? questionne Moustique.

– Une voisine vous a vu mendier, elle nous a rapporté ça ! s'emporte René.

– Vous nous avez toujours interdit de faire la manche, ajoute Georges.

– Mes amis, nous n'avons plus un sou, se défend Henry. Je suis sur le point de tout arrêter...

Pour la première fois, il émet cette éventualité, sans trop y croire ; n'empêche, sa gorge s'est nouée, il ne peut plus parler.

– On peut vous aider, on sait comment gagner de l'argent ! assure Moustique.

Malgré lui, Henry sourit, calculant mentalement la somme des années de prison de chaque compagnon, somme qui dépasse probablement son âge. Moustique comprend ce qui lui passe par la tête.

– Eh oh, l'abbé, vous n'allez pas nous prendre pour des voleurs, comme tous ces bourgeois qui n'osent même pas nous regarder en face ! J'ai travaillé honnêtement plusieurs années, je ne dis pas que j'avais les mains propres, mais ce n'est pas ce que vous pensez, commence Moustique.

– Expliquez-nous, allons ! s'impatiente Lucie.

– Voilà, je faisais les poubelles. On ne dirait pas comme ça, mais ça rapporte, croyez-moi !

– Les poubelles, moi aussi ça me connaît, ajoute René.

– J'ai vu des gars s'en mettre plein les poches avec ça, je vous jure ! conclut Georges.

Emporté par l'enthousiasme général, Henry retrouve sa voix :

– Après tout, ce n'est pas mon rayon, je ne peux pas juger... Je veux bien essayer.

Le lendemain, les trois compagnons partent avant l'aube, sac au dos et crochet en main. Ils reviennent en début de matinée chargés d'objets récupérés : des couvertures, une lampe, une roue de vélo, une poupée, un bout de landau... Henry et Lucie n'en reviennent pas, comment peut-on jeter tout cela ? Dans l'appentis du 38, avenue Paul-Doumer, on pousse les outils pour stocker ce qui ne sert pas immédiatement.

– Cela rapporte peut-être, soupire Henry, mais pour la trésorerie, ce n'est pas encore ça !

– Certains matériaux se revendent à des sociétés spécialisées et pour le reste on ira à la brocante, explique Moustique.

Les deux nuits suivantes, les trois chiffonniers partent vers trois heures du matin et reviennent avec toute une brouette de bric-à-brac. Pendant la journée, ils trient : le verre, le papier, le chiffon, le beau... Le quatrième jour, ils sont dix à prendre la route et Henry décide de les accompagner avec sa 4 CV Renault. Ils s'éloignent un peu plus de leur QG, direction Paris. Après deux heures de travail, Moustique prévient :

– Il faut y aller les gars, il est trop tard, les éboueurs vont arriver.

– Mais non, regarde toutes ces poubelles Moustique, on continue ! lance l'abbé. Il ignore que les éboueurs disposent, selon l'usage, d'un monopole pour récupérer les objets de valeur dans les ordures.

– C'est risqué, ça ! Si les éboueurs débarquent, on est cuit !

– Pourquoi ? demande Henry.

Un camion benne s'arrête derrière eux. Henry se retourne. Les éboueurs claquent leurs portières en furie et rejoignent d'un pas décidé les chiffonniers.

– Ah, ah, vous voilà, bande de pirates !

– Bonjour, messieurs. Que voulez-vous ?

– Foutez-moi le camp ! lance un gros barbu.

– Nous ramassons ce que personne ne veut, dit Henry.

– Personne ? T'en es sûr, le curé ? aboie un grand gaillard édenté.

Les trois autres gus ricanent en chœur.

– Les poubelles, c'est pour nous ! Vous croyez qu'avec notre salaire de misère on va manger de la soupe tous les soirs ? Heureusement qu'on se ménage quelques petits avantages.

– Un instant, messieurs, intervient Henry.

En aparté, il demande à Moustique :

– C'est quoi cette histoire ?

– Ils ont le monopole, Père, c'est l'usage...

– On va négocier.

Henry s'approche du supposé chef de la bande.

– Nous sommes les chiffonniers-bâtisseurs d'Emmaüs. Nous avons besoin d'argent pour construire des maisons pour d'honnêtes travailleurs comme vous. Nous ne cherchons pas les ennuis.

– Je compatis. On ne vous cassera pas la gueule cette fois-ci. Mais cherchez un autre boulot.

– Et si on passait après vous ? propose Georges.

– Il n'y aura plus rien, répond l'éboueur.

– J'ai une idée, intervient Moustique. Nous vous laissons votre chasse gardée, sans faire de vagues. En échange, vous déposerez des tracts pour nous.

Après un long conciliabule des quatre éboueurs, le gros barbu conclut :

– Si tu veux, petit malin. On a du cœur, nous aussi, on est d'accord pour vous aider.

Une partie des compagnons repart à pied en tirant une charrette, Henry conduit sa vieille voiture, Moustique, René et Georges à bord.

– Des tracts ! lance Moustique. Je suis fier de ma trouvaille. C'est vrai, non ? Ça vous réussit les tracts, l'abbé !

– Arrête avec ça, Moustique ! À quoi ils vont bien pouvoir servir tes tracts ?

– On va proposer aux habitants de récupérer leurs encombrants. J'ai trouvé bien mieux que les poubelles ! Ha, ha, ha !

Moustique en rigole comme un fou, et c'est contagieux, Georges, René et Henry se joignent à lui, confiants dans le jour naissant.

En quelques minutes, les chiffonniers-bâtisseurs d'Emmaüs sont passés de la fouille des ordures à la récupération d'objets. Après de savants calculs, Lucie autorise l'achat d'un camion pour le transport des encombrants. Moustique fait imprimer des papillons indiquant :

« Demain les chiffonniers-bâtisseurs d'Emmaüs passeront en bas de chez vous et ramasseront sommiers, matelas, draps, meubles, papiers, jouets et tout autre objet usagé. Ouvrez-leur votre porte, ce sera un grand secours pour de pauvres gens. »

En février 1952, trente compagnons vivent à Neuilly-Plaisance, dans l'ancienne demeure bourgeoise ou dans de grandes tentes plantées sur la pelouse. La chine leur permet de vivre, mais il faut gagner plus pour pouvoir continuer à bâtir. Maurice, une nouvelle recrue, les initie à la gadoue, le tri dans les décharges publiques. C'est aussi une chasse gardée, ils passent en second, après les employés des décharges, mais leur persévérance a raison des rats, moustiques et autres nuisibles. Un campement s'organise sur une décharge à quelques kilomètres de Paris. Les compagnons trient le métal, le verre, le caoutchouc. Lorsque les policiers tentent de s'approcher, la puanteur les repousse aussitôt. Entre les chantiers de construction, les brocantes et la gadoue, Henry ne se ménage pas. Il dort de moins en moins. La communauté se construit autour d'une règle fondatrice – « Servir en premier les plus souffrants » –, qui se décline en trois verbes : travailler, partager, donner. Les compagnons ne reçoivent qu'un maigre salaire, mais ils sont nourris, logés, blanchis. Les bénéfices servent à acquérir de nouveaux terrains ou du matériel de construction.

Tous ces anciens légionnaires, brigands ou vagabonds ont souvent du mal à cohabiter. Des bagarres éclatent et même les remontrances de « Lulu la Terreur » ne peuvent calmer les esprits. Henry aussi hausse le ton et s'interpose. Un soir, Jules, alcoolique depuis des années, se bat avec Auguste. Cela commence par des insultes et des menaces. Cela continue avec les poings et finit par un coup de couteau dans le ventre d'Auguste. Ses camarades accompagnent sur-le-champ le blessé à l'hôpital. De retour, les compagnons demandent à Henry d'exclure Jules de la communauté. L'abbé le prend à part :

– Auguste est à l'hôpital, nous ne savons pas s'il s'en remettra. Tout le monde veut que tu partes. Il le faut, tu mets en danger la vie des autres. Je suis désolé. Je te conduirai à l'accueil des Halles.

Le regard perdu, Jules implore :

– Père, sans vous je ne suis qu'une épave, je vous en supplie, gardez-moi, je ne boirai plus, je vous le jure...

Il tombe dans les bras d'Henry, colle sa tête sur sa poitrine, l'entoure de ses bras et pleure comme un enfant. Henry le réconforte, lui caresse le dos.

– Va dormir, Jules, demain est un autre jour.

Henry l'accompagne jusqu'à sa chambre, l'aide à enlever ses chaussures et à s'allonger sur son lit, puis il retrouve les compagnons au réfectoire.

– C'est fait ? Vous lui avez dit de partir ? s'empresse Georges.

Le silence d'Henry résonne comme un aveu d'impuissance. Les yeux se baissent, les gorges se nouent, les cœurs se chargent d'une tristesse lourde et gluante, une tristesse dont on garde toute sa vie un petit bout collé. Lucie observe tous ces hommes qui ont connu la prison et la misère et qui sont prêts à tout pour aider leur prochain. Elle parle enfin :

– S'il accepte de voir un médecin, nous pouvons peut-être faire quelque chose. Essayons !

Le regard d'Henry s'éclaire, l'espoir renaît.

– Qu'en pensez-vous ? demande-t-il.

– Je vote pour, lance le premier Georges.

– Moi aussi.

Ils approuvent tous, les uns après les autres.

– Je lui parlerai demain, conclut Henry.

Après un sommeil lourd, Jules se réveille saisi par la honte, il reste dans son lit, sans bouger, incapable d'aller travailler ou même de montrer sa gueule toute pâle aux camarades. Henry frappe à sa porte.

– On a discuté avec les autres. On veut bien que tu restes avec nous, à une condition : tu dois te faire soigner.

Ce jour-là, alors qu'Auguste quitte l'hôpital sans blessure grave, Jules y est admis pour une cure de désintoxication.

Un mois plus tard, un autre compagnon est hospitalisé. Gravement malade, les médecins ne lui donnent plus que quelques semaines à vivre. Lorsque la fin est imminente, Moustique et Georges vont le chercher pour qu'il finisse ses jours parmi les siens, à Emmaüs. Après son décès, ils se cotisent pour acheter un caveau au cimetière communal. Lucie appelle la Légion qui envoie quatre soldats pour porter le cercueil de l'ancien légionnaire. Sur sa tombe, ils font graver cette phrase du passage de l'Évangile qui a inspiré son nom à la communauté : « Reste avec nous car il se fait tard et le jour est sur son déclin. »

– Il a plus de place dans sa tombe qu'il en a eu pour vivre ! remarque Moustique avec amertume.

Après plusieurs mois d'hospitalisation, Jules peut retourner dans la communauté. « Il ne doit pas toucher une goutte d'alcool », prévient le médecin qui le suit. « L'alcoolique ne guérit jamais, son seul remède est l'abstinence. » La veille du retour de Jules, pendant le dîner, Moustique prend la parole :

– Je propose que l'alcool soit interdit dans notre communauté.

Henry et Lucie se regardent, complices. Cette règle, ils auraient voulu l'imposer depuis longtemps, mais seul un Moustique, l'un des plus portés sur la bouteille, peut la défendre.

– Je lève mon verre pour la dernière fois avec vous, à la santé de notre ami Jules ! lance Georges.

Et tous trinquent à cette bonne résolution.

L'activité de l'ancien résistant, ancien député et toujours curé commence à attirer l'attention des journalistes. Ayant lu quelques articles dans la presse, Louis Merlin, producteur d'émissions de radio, vient rendre visite à l'abbé Pierre, accompagné de l'animateur vedette de Radio Luxembourg, Zappy Max. Il tente de le convaincre de participer à l'un des jeux radiophoniques les plus populaires de l'époque, le fameux *Quitte ou double*. Henry accepte à deux conditions : qu'il ne reçoive aucun traitement de faveur et qu'il puisse prendre la parole à la fin de l'émission. Le jeu consiste à poser des questions au candidat sur un thème qu'il a choisi, chaque bonne réponse étant récompensée par une somme d'argent qui double de question en question. En cas de mauvaise réponse, le jeu s'arrête, le participant éliminé repart les poches vides. Après chaque bonne réponse, il peut choisir d'empocher ce qu'il a gagné. Au fil des questions, un speaker, monsieur Tiroir, annonce les gains en jeu.

L'enregistrement du programme a lieu dans un chapiteau de cirque, sous les yeux de plusieurs milliers de spectateurs. Accompagné de deux chiffonniers, Henry se fait remarquer avec sa canne, sa soutane chargée d'insignes, sa barbe grisonnante et son regard franc. Derrière les postes de radio, des centaines de milliers d'auditeurs l'écoutent.

L'abbé Pierre en novembre 1945,
alors qu'il vient d'être élu député de Meurthe-et-Moselle.

En 1947,
l'abbé Pierre retape cette vieille maison délabrée de Neuilly-Plaisance.

En plus de son mandat de député, l'abbé Pierre s'engage dans un mouvement international pacifiste, les « citoyens du monde ».

© Keystone

1952. Grâce à la récupération du métal, du verre, du caoutchouc, la communauté peut acquérir de nouveaux terrains ou du matériel de construction.

© Emmaüs INTERNATIONAL/GAMMA

Hiver 1954, l'abbé Pierre prononce un discours de soutien aux étudiants qui ont des conditions de vie difficiles.

© Maurice Zalewski/Rapho

Chaque nuit de cet hiver 1954, l'abbé Pierre et ses compagnons parcourent les rues de la capitale pour servir une soupe chaude aux « couche-dehors ».

1954. Un village de tentes pour les sans-abri.

En mars 1954,
l'abbé Pierre à Londres.

Le ministre du Logement annonce pour l'année 1954 la construction de douze mille logements de première nécessité et l'instauration d'aides au logement.

Hiver 1954, le discours de l'abbé Pierre provoque un réveil des consciences et un élan de solidarité hors du commun.

Avec des enfants pendant les vacances de Noël à Challes-les-eaux, décembre 1954.

En mai 1954, Charlie Chaplin remet à l'abbé Pierre un chèque en faveur des sans-abri.

30 ans après le rigoureux hiver 54,
l'abbé Pierre lance la campagne de Noël, avec pour mot d'ordre le partage plutôt que la charité.

© Frédéric REGLAIN/GAMMA

En juin 1986,
il célèbre les funérailles de Coluche à la demande de la mère du comédien.

© GARCIA/STILLS/GAMMA

En 1992,
à Esteville, en Normandie,
dans la maison où il aimait vivre.

– Quelle différence existe-t-il entre le drapeau français et le drapeau luxembourgeois ? commence Zappy Max.

– Les bandes sont verticales dans le drapeau français, horizontales dans le drapeau luxembourgeois, répond Henry.

– Effectivement ! Quitte ou double ?

– Double !

– Pour combien, monsieur Tiroir ?

– 250 francs.

Les questions se succèdent avec une complexité croissante. À la sixième, Henry hésite.

– Quel est le nombre de députés avant-guerre et...

– C'est curieux votre question..., coupe Henry.

– Mais non, pourquoi ? Peu de gens le savent.

– J'ai été député, nous étions 627.

– Et avant-guerre ?

– J'hésite entre 610 et 612...

Zappy Max a du mal à garder son calme. Le jeu ne peut s'arrêter si tôt, surtout sur un échec de l'abbé Pierre. Louis Merlin, le producteur, a été très clair sur ce point : l'abbé doit gagner. Il veut créer l'évènement en soutenant indirectement ce qu'il considère comme une œuvre de charité. De plus, si le jeu s'arrête trop tôt, ce serait une grande déception pour tous les spectateurs qui se sont déplacés.

– Plus que quinze secondes...

– Allons-y pour 612...

– Bravo ! s'enflamme Zappy Max soulagé. Combien monsieur Tiroir ?

– 16 000 francs.

– Quitte ou double ?

Nullement échaudé, Henry reste en lice. À raison, puisqu'il répond sans peine aux questions suivantes. La onzième a de quoi l'étonner.

– Que signifie le sigle FAO ? questionne Zappy Max.

– Décidément, votre hasard fait bien les choses, j'ai personnellement connu son fondateur ! rétorque Henry malicieusement. *Food and Agriculture Organization*.

Le public est conquis, mais il ne veut pas voir perdre ce candidat si sympathique. « Arrêtez ! arrêtez ! » scande-t-il.

– Combien, monsieur Tiroir ?

– 256 000 francs[1].

– Quitte ou double ?

– Le public a raison, mieux vaut arrêter, quitte.

– Je vous pose la dernière question juste pour le plaisir. Pourquoi la rue Saint-Jacques porte-t-elle ce nom ?

– Parce qu'elle était empruntée par les pèlerins qui se rendaient à Saint-Jacques de Compostelle.

– Bravo ! Pas de regrets ?

– Absolument pas. Ces 256 000 francs, je vous en remercie, mais c'est une goutte d'eau dans le budget d'un chantier de construction. Grâce à vous nous pourrons acheter un camion d'occasion. Mais ce n'est pas avec cela que nous pourrons loger des centaines de milliers de personnes sans toit. C'est à moi de poser la dernière question. Comment allez-vous m'aider ? Combien allez-vous me donner pour acheter des terrains et construire des maisons avec mes compagnons chiffonniers-bâtisseurs ? Tout ce

1. Environ 5 200 euros aujourd'hui.

que vous donnerez permettra de soulager bien des douleurs, mais cela ne suffira pas. Ce qu'il faut, c'est faire pression auprès des pouvoirs publics. Les élus veulent être réélus, ce qu'ils font, ils le font dans ce but. Donc ce qu'ils ne font pas, c'est parce que le public ne l'exige pas !

En quelques minutes d'antenne, l'abbé Pierre a touché les auditeurs. À Emmaüs, les dons de particuliers affluent. La propriétaire de l'hôtel Rochester, rue La Boétie à Paris, propose douze chambres pour accueillir des sans-abri. Le directeur de la Caisse d'épargne de Paris accorde un prêt à Emmaüs de quinze millions de francs[1] pour l'acquisition d'un terrain de deux hectares à Pontault-Combault, en Île-de-France, à vingt kilomètres à l'est de la capitale. Peu après, le gouvernement autorise la Caisse d'allocations familiales à consentir des prêts destinés à la construction de vingt-neuf logements. Le chantier de la cité de la Pépinière peut maintenant débuter.

1. 305 000 euros.

Après « la Réserve » à Neuilly-sur-Marne, c'est la troisième communauté Emmaüs. Elle constitue une soupape pour gérer les incompatibilités d'humeur. Lorsqu'un compagnon se comporte mal, on peut lui accorder une nouvelle chance ailleurs sans le renvoyer. Une quatrième communauté voit le jour au Plessis-Trévise, commune limitrophe de Pontault-Combault, uniquement destinée aux femmes, sous la direction d'une ancienne camarade résistante d'Henry.

Emmaüs acquiert un terrain à l'orée de la forêt de Pomponne en Seine-et-Marne. Douze familles campent autour du chantier de la future cité appelée la Pomponnette. Un journaliste du *Figaro* vient visiter ce chantier accompagné d'Henry. Les familles vivent dans des conditions insalubres, dans des carcasses d'autobus, des tentes ou des roulottes, sans eau ni électricité. Le jeune reporter en sort complètement bouleversé. Il parvient à persuader son rédacteur en chef de publier son papier intitulé « La merveilleuse aventure des compagnons d'Emmaüs, chiffonniers, aubergistes et bâtisseurs ».

Au printemps 1953, trois cents logements sont bâtis ou en chantier. Ce n'est pas assez. En décembre, alors que l'hiver se fait de plus en plus rigoureux, Henry demande l'aide de son ami Léo Hamon. Ancien résistant, membre du MRP, il accepte de proposer un amendement à la loi sur le logement qui doit être votée dans les prochains jours. Henry compte ainsi récupérer une part du budget prévu pour la construction des cités d'urgence. Début janvier, Léo Hamon appelle l'abbé pour lui annoncer que le Sénat a ajourné l'examen de l'amendement, en prétextant un manque de temps. En réalité, la plupart des hommes politiques refusent d'affronter le problème. Ils craignent de devoir construire des logements sociaux dans leur commune, ce qui pourrait déplaire aux électeurs plus aisés.

Le même soir, alors que la température passe sous la barre des – 10 °C, un ouvrier annonce en pleurs à Henry la mort de son bébé, Marc. Henry ne peut accepter l'idée que des sénateurs aient mieux à faire que de parler des cités d'urgence alors qu'un bébé meurt de froid à Paris. Comme d'autres nuits de révolte, il ne ferme pas l'œil. Poussé par le besoin d'agir, il écrit une longue lettre au ministre du Logement. Dès l'aube, il appelle le jeune reporter du *Figaro* pour lui lire son texte. Celui-ci parvient une fois de plus à sensibiliser son chef et la lettre paraît le lendemain en une du journal.

« Monsieur le Ministre, un petit bébé de la cité des Coquelicots est mort de froid dans la nuit du 3 au 4 janvier, pendant le discours où vous refusiez les "cités d'urgence". C'est à 14 heures, le jeudi 7 janvier qu'on va l'enterrer. Pensez à lui. Ce serait bien si vous veniez parmi nous à cette heure-là. On ne vous recevrait pas mal, croyez-moi », pouvait-on notamment lire dans le quotidien.

En fin de matinée, le 7 janvier 1954, son cabinet prévient Henry que le ministre sera présent à l'enterrement. En début d'après-midi, une vingtaine de compagnons marchent lentement derrière le corbillard tiré par des chevaux. Au milieu d'eux, le ministre, grand et droit, tête nue, ne peut quitter des yeux le tout petit cercueil. Après les funérailles au cimetière communal de Neuilly-Plaisance, l'abbé Pierre le remercie de sa présence.

– Monsieur le ministre, nous sommes très touchés que vous soyez venu, déclare-t-il. Mais ce qui compte, c'est ce que vous allez faire maintenant.

– Je vous appellerai, Père, je vous le promets.

Chapitre 4

L'insurgé

La première vague de froid de l'hiver 1953-1954, celle qui a coûté la vie au petit Marc, a paralysé le nord et le nord-est de la France. Début janvier, on a relevé – 15 °C à Paris, – 18 °C à Nancy, – 30 °C à Wissembourg en Alsace. Une neige glacée a recouvert les villes et les campagnes. Après une courte accalmie, la deuxième vague de froid s'abat, plus féroce encore, sur l'ensemble du pays. La Marne gèle, une banquise se forme à Dunkerque. Il tombe quatre-vingt-cinq centimètres de neige à Perpignan. Le thermomètre descend à – 13 °C dans la capitale, mais ils en valent −40 °C, le vent siffle si fort. Aux Halles, on se réchauffe, groupés autour de braseros. Les commerçants déplorent des arrivages de fruits et légumes de plus en plus rares, les pommes de terre viennent à manquer. Un marchand de vin perd tout son stock, gelé. Les besoins accrus provoquent des pénuries en gaz, le gel rend difficile le chauffage au fioul et au mazout. L'étang du bois de Boulogne se transforme en patinoire, dans une joyeuse ambiance de kermesse. Paris est si beau dans le froid, Paris est magique.

Chaque nuit, Henry et ses compagnons parcourent les rues de la capitale, d'entrée de bouche de métro en grille d'aération, pour servir une soupe chaude et distribuer des couvertures à tous ces gens qui n'ont pas de toit. Les premiers soirs, le curé trouve les mots, rassure, serre les mains. Puis ce n'est plus possible, il n'y a plus rien à dire. Il n'est que colère.

Vendredi 29 janvier au matin, Henry se recueille dans la petite chapelle d'Emmaüs, à Neuilly-Plaisance. Il confie à Dieu tous les «couche-dehors», ses frères humains. Dans la prière, sa colère ne s'apaise pas, elle prend sens. Il revoit le ministre du Logement qui a tenu sa promesse en visitant la cité des Coquelicots, donnant aussitôt naissance à une autre promesse : la construction des premiers logements de secours. Certes, mais cela ne suffit pas. Il revoit aussi cet homme venu le trouver la veille : «Père, j'ai un terrain en haut de la montagne Sainte-Geneviève, l'immeuble était insalubre, on l'a démoli. Vous pouvez en disposer.» Il l'avait remercié mais il se sentait si las. Que faire d'un terrain vide lorsqu'on n'a plus un centime pour bâtir ? Un autre homme surgit dans ses pensées, un juif qui tient un surplus de l'armée, à qui il avait plusieurs fois acheté du matériel à crédit. Et cela devient évident : il faut planter des tentes en plein cœur du Quartier latin, sur le terrain qu'on lui a proposé.

Henry quitte aussitôt la chapelle pour téléphoner au propriétaire du surplus :

– Ils sont des milliers à dormir dehors, juifs, catholiques ou athées, peu importe. On nous prête un terrain en plein cœur de Paris. Il me faut des tentes !

– Père, ce n'est pas la première fois... savez-vous au moins à combien se chiffrent vos dettes ?

– Savez-vous que la police laisse des hommes mourir dehors alors qu'elle conduit les chiens à la fourrière ?

– Retournez en politique, mon Père, ce sera plus efficace que quelques tentes...

– Monsieur, je sais que vous ne pensez pas ce que vous dites, je sais que vous allez m'aider.

Après un silence pesant, l'homme dit enfin :

– Rien ne vous résiste !

– Dieu soit loué ! Retrouvons-nous à dix-sept heures, rue de la Montagne-Sainte-Geneviève.

En fin d'après-midi, un camion se gare le long du terrain nu. Ouvriers, chiffonniers, militants associatifs... ils sont une vingtaine à décharger une grande tente militaire, des bottes de paille, des couvertures et même des accus pour l'électricité. Ils installent le campement sur un sol gelé, sans prévenir les autorités. Puis Henry et ses amis reprennent leur tournée quotidienne, embarquant tous les malheureux qui errent dans les rues ou tentent de dormir sur une bouche de chaleur. Cette fois, l'abbé apporte un vrai espoir à ces malheureux. Il ne se contente plus d'une soupe ou d'un salut, il peut les prendre par la main, les faire monter dans le camion d'Emmaüs et les conduire au chaud, sous la grande toile de l'armée américaine. Soixante hommes, femmes et enfants se réfugient là pour la nuit. Au milieu d'eux, Henry est allongé sur la paille, sous une couverture rugueuse, comme les autres.

Le lendemain, un samedi, un de ses amis journalistes le réclame.

– Bonjour Martin, lance l'abbé, assis sous la tente, une tasse de café à la main.

– Bonjour Père.

Martin a déjà écrit plusieurs articles sur les chiffonniers-bâtisseurs, mais cette fois c'est en « civil », ou plutôt en catholique pratiquant qu'il vient le trouver.

– Père, j'aimerais que vous veniez dire la messe demain dans ma paroisse de Courbevoie.

– Je ne suis ni un curé ambulant ni un artiste au cachet !

– J'ai eu un mal fou à convaincre le prêtre. C'est une tribune fantastique.

– Je ne suis pas en campagne...

– Bien sûr que si ! Vous êtes en guerre, en guerre contre la misère, et je veux me battre avec vous.

– Je te préviens, mon ami, cela risque de faire des vagues...

– Justement, c'est ce qu'il faut, lui répond Martin.

De fait, ce dimanche 31 janvier 1954, Henry prononce un sermon hors du commun. Il raconte cette femme avec son enfant sous une bâche, les familles dans la rue, le bébé mort de froid, ces campements, à côté des chantiers de construction, sans eau ni électricité où l'on doit casser la glace chaque matin, les maraudes parisiennes dans la nuit glaciale. Il interpelle les paroissiens qui vivent bien au chaud, dans leurs belles maisons. Il rappelle le passage de l'Évangile, lorsque deux disciples se rendent à Emmaüs et qu'ils rencontrent Jésus : « Reste avec nous car il se fait tard et le jour est sur son déclin », disent-ils. Il parle de ces chiffonniers qui n'ont rien et donnent tout. Du premier compagnon mort parmi les siens qui a davantage de place dans sa tombe qu'il n'en a eu pour vivre.

Après la première messe du matin, Martin lui apprend qu'une femme est morte d'hypothermie, boulevard Sébastopol, devant le commissariat. Elle portait sur elle, pour unique papier, son avis d'expulsion. Les *Actualités françaises* ont filmé la scène, elle a succombé devant la caméra. Les « poulets », comme les appelle Martin, sont arrivés trop tard.

Lors de la messe suivante, encore sous le coup de l'émotion, Henry relate le drame de cette vieille dame jetée dehors par −20 °C. Sur le parvis de l'église, les paroissiens lui proposent d'organiser une grande rencontre à la mairie, l'après-midi même. Henry sent quelque chose dans l'air, une force, un élan inhabituel. Pour lui, c'est l'Esprit saint qui se manifeste. Il s'accorde un temps de calme et de prière pour remercier le Seigneur et lui confier son action.

Dans la salle des fêtes, pratiquants, athées, juifs, riches, moins riches, hommes politiques – pour certains anticléricaux – journalistes, écoutent, subjugués, la « voix de tous les sans-voix ».

– Dites-nous ce qu'on doit faire ! lance une mère de famille dans l'assemblée.

– Un centre d'accueil ! rétorque Henry.

C'est ainsi que le premier centre fraternel de dépannage ouvre ses portes dans la salle de patronage de la commune de Courbevoie, boulevard Saint-Denis.

Henry est épuisé, Martin le conduit chez lui pour qu'il dorme au moins quelques heures. Le lendemain matin, ils font tous les deux le bilan de la journée précédente.

– C'est formidable, cette solidarité ! se félicite son ami. Vous êtes un vrai orateur, Père. Cela ne m'étonne pas que vous ayez fait de la politique...

– La politique, pas question d'y revenir. Parler, je veux bien. Mais ce n'est pas suffisant...

– Oui, et j'ai une petite idée à vous proposer...

– Dis toujours...

– La radio !

– La radio ? Après tout, pourquoi pas. Ça avait bien marché quand je suis passé à *Quitte ou double*.

– Je connais quelqu'un à la radio nationale, il s'occupe du journal parlé de midi. Je l'appelle.

Pendant ce temps, Henry griffonne sur un bout de papier, les mots viennent tout seuls. Quelques minutes plus tard, son ami prend le téléphone pour joindre la rédaction. Mais on lui répond :

– La radio est un service public, on ne peut pas faire passer de message privé.

– Ce n'est pas un message, c'est un appel ! s'emporte Martin.

– Ce n'est tout de même pas de Gaulle, votre bonhomme ! Un curé, vous dites ?

– L'abbé Pierre.

Henry s'empare du combiné.

– Administrativement, vous avez sûrement raison. Mais que penserez-vous demain matin, lorsque vous apprendrez qu'un enfant est mort de froid dans la nuit ? Tout cela parce qu'il faut respecter les règles ?

Je vais vous le dire, vous serez rouge de honte devant votre famille et ce sera bien mérité. Mon vieux, il faut savoir passer en force de temps en temps !

Après quelques secondes, le rédacteur ordonne :

– Dictez-moi votre message.

Un extrait du texte, lu par le journaliste, est diffusé vers midi trente. Porté par cette petite victoire, Henry s'exclame :

– On file à Radio Luxembourg, ils me connaissent !

– Attendez, on va quand même les appeler avant, tempère Martin.

À Radio Luxembourg, l'idée a d'emblée suscité l'enthousiasme, Henry est attendu pour treize heures. Dans sa 4 CV, il conduit comme un fou, grillant feux rouges et priorités à droite, Martin n'en revient pas. Il se gare devant un panneau stationnement interdit. Il est treize heures pile, les deux amis rejoignent en courant les studios du 22, rue Bayard à Paris. Devant la lumière rouge, qui indique que l'on enregistre, Henry se rend compte qu'il a oublié son texte, il retourne calmement le chercher. Treize heures dix, à lui l'antenne. Une voix douce et profonde sort de centaines de milliers de postes de radio.

« Mes amis, au secours...

Une femme vient de mourir gelée, cette nuit à trois heures, sur le trottoir du boulevard Sébastopol, serrant sur elle le papier par lequel, avant-hier, on l'avait expulsée...

Chaque nuit, ils sont plus de 2 000 recroquevillés sous le gel, sans toit, sans pain, plus d'un presque nu. Devant l'horreur, les cités d'urgence, ce n'est même plus assez urgent !

Écoutez-moi : en trois heures, deux premiers centres de dépannage viennent de se créer : l'un sous la tente au pied du Panthéon, rue de la Montagne-Sainte-Geneviève ; l'autre à Courbevoie. Ils regorgent déjà, il faut en ouvrir partout. Il faut que ce soir même, dans toutes les villes de France, dans chaque quartier de Paris, des pancartes s'accrochent sous une lumière dans la nuit, à la porte de lieux où il y ait couvertures, paille, soupe, et où l'on lise sous ce titre CENTRE FRATERNEL DE DÉPANNAGE, ces simples mots : « TOI QUI SOUFFRES, QUI QUE TU SOIS, ENTRE, DORS, MANGE, REPREND ESPOIR, ICI ON T'AIME. »

La météo annonce un mois de gelées terribles. Tant que dure l'hiver, que ces centres subsistent, devant leurs frères mourant de misère, une seule opinion doit exister entre hommes : la volonté de rendre impossible que cela dure.

Je vous prie, aimons-nous assez tout de suite pour faire cela. Que tant de douleur nous ait rendu cette chose merveilleuse : l'âme commune de la France. Merci !

Chacun de nous peut venir en aide aux « sans abri ». Il nous faut pour ce soir, et au plus tard pour demain :

5 000 couvertures,

300 grandes tentes américaines,

200 poêles catalytiques

Déposez-les vite à l'hôtel Rochester 92, rue de La Boétie. Rendez-vous des volontaires et des camions pour le ramassage, ce soir à 23 heures, devant la tente de la montagne Sainte-Geneviève.

Grâce à vous, aucun homme, aucun gosse ne couchera ce soir sur l'asphalte ou sur les quais de Paris.

Merci ! »

Son discours n'est pas encore terminé que le standard de Radio Luxembourg sature déjà. Certains n'ont pas eu le temps de noter les coordonnées de l'hôtel, d'autres veulent connaître le numéro de compte d'Emmaüs. D'autres encore veulent témoigner de leur quotidien, les uns vivent à six entassés dans un minuscule garni hors de prix et sans chauffage, les autres ont dû confier leurs enfants à des parents en province, faute de place.

– Martin, dépêche-toi ! lance Henry.

– Nous devrions peut-être rester ici pour voir comment la situation évolue...

– Sûrement pas, nous devons aller à l'hôtel Rochester. Sa propriétaire n'est même pas au courant que j'ai donné son adresse !

La 4 CV redémarre à vive allure direction rue La Boétie, à deux pas des Champs-Élysées. En découvrant les lieux, Henry déclare :

– Ni trop luxueux ni trop miteux, c'est parfait !

Dans le hall, ils croisent un petit groupe de personnes qui attendent des renseignements. Reconnaissant la cape, la canne, la barbe et le béret de l'abbé, Mme Larmier, la propriétaire du Rochester, l'aborde aussitôt.

– Bonjour, Père !

– Madame Larmier ?

– C'est bien moi. Je vous ai entendu à la radio, votre discours était si juste...

– Ne m'en voulez pas, je me rends compte que j'ai été bien cavalier de donner ainsi votre adresse, je ne sais comment exprimer mon embarras...

– Pas du tout mon Père, vous êtes ici chez vous !

– Dieu soit loué !

– Venez, je vais vous montrer votre bureau. Il faudra informer le personnel de la réception et du standard, ils sont perdus face à tant de sollicitations, et cela ne fait que commencer.

Mme Larmier tourne légèrement la tête, les yeux écarquillés. Henry se retourne, une foule se presse dans le hall.

– Suivez-moi, l'invite-t-elle.

Elle conduit Henry au quatrième étage, chambre 412, ce sera son quartier général. Rejoint par Moustique, René, Georges et Lucie, il distribue les tâches. Tout le personnel de l'hôtel est mis à contribution. On organise l'accueil : une file pour les dons financiers, une file pour les dons matériels, une file pour les candidats bénévoles, une autre pour les nécessiteux... Face au grand nombre d'appels, les lignes de l'hôtel ne suffisent plus. Henry réussit à joindre les PTT après des dizaines de tentatives. Il explique la situation.

– Venez chercher le formulaire, conseille le fonctionnaire au bout du fil. Remplissez-le, rapportez-le-nous et dans le meilleur des cas vous aurez une nouvelle ligne dans une semaine. Il y en a déjà beaucoup dans votre quartier, il faudra peut-être attendre plus.

– Vous vous moquez de moi ? tonne Henry. Il doit bien y avoir des dizaines de toiletteurs pour chiens dans le coin ! Je vous ordonne de résilier leur ligne pour me les attribuer ! Il s'agit de la vie d'hommes, de femmes et d'enfants, monsieur !

– Compris, je vais me débrouiller.

Henry obtient ainsi onze lignes supplémentaires. Des élèves de l'École polytechnique se proposent d'assurer le standard vingt-quatre heures sur vingt-quatre. Plusieurs troupes de scouts arrivent en renfort pour aider à la logistique. Des étages et du hall d'accueil, de longues chaînes humaines se déploient jusqu'aux camions d'Emmaüs garés au sous-sol. L'hôtel transformé en centre d'accueil, il faut aussi assurer le gîte et le couvert.

Le lendemain, la presse quotidienne titre sur l'appel de l'abbé Pierre.

« Personne n'a passé la nuit dehors », se félicite-t-on. « Saint Jean-Bâtisse », « Saint Vincent des Piaules » ou encore « Robin des Toits », les journalistes rivalisent de surnoms affectueux. Le pouvoir hésite à réagir. Certains qualifient le discours radiodiffusé de « provocation », d'autres parlent de risques insurrectionnels. Faut-il accompagner le mouvement ? Le briser ? Les plus cyniques prédisent qu'il fondra comme la neige au printemps. Mais les prévisions météo annoncent encore plusieurs semaines de grand froid, la situation pourrait-elle déraper ? Difficile de connaître les raisons qui font pencher la balance, les bonnes ou les mauvaises. Générosité ou calcul politique ? Peu importe pour Henry qui ne s'intéresse qu'aux résultats. Première mesure, toute en mesure, le président du conseil municipal de Paris déclare que quatre stations de métro désaffectées, Saint-Martin, Rennes, Liège et Champ-de-Mars, seront rouvertes pour accueillir les sans-abri la nuit.

Rue La Boétie, 2 CV et Rolls se côtoient. On vient déposer du linge, des pâtes, du riz ou du chocolat, mais aussi des bijoux et des manteaux de fourrure. Plus de six mille lettres sont livrées le 3 février au matin, les PTT envoient du renfort de province pour traiter tout ce courrier. Henry reçoit mille huit cents chèques, certains signés de célébrités comme Yves Montand, Michel Simon, Vincent Auriol, Charles de Gaulle ou Élisabeth de Belgique. Une banque ouvre un guichet au Rochester.

Le pouvoir a maintenant clairement choisi son camp. Le 4 février, le gouvernement annonce le déblocage de dix milliards de francs[1] pour la construction de douze mille logements d'urgence. Il promet de voter dans les prochains jours une loi interdisant les expulsions pendant l'hiver. Les policiers ont reçu de nouvelles consignes, ils doivent à présent accompagner les sans-abri dans l'un des « centres fraternels de dépannage » qui investissent les églises, les mairies, les palais de justice, les stations de métro... Henry est bouleversé de constater que les gens n'ont plus peur de la misère, ils la touchent.

Le 5 février, l'abbé Pierre obtient l'ouverture de la gare d'Orsay, désaffectée depuis la Paix, après

1. L'équivalent d'environ 203 millions d'euros.

avoir servi de lieu de transit pour les prisonniers de guerre français revenant d'Allemagne. Sous une banderole « Gare de l'Espoir. Paris vous aide », on l'utilise comme entrepôt pour stocker colis alimentaires, vêtements, chaussures, couvertures, bois de chauffage, poêles, meubles... Les bénévoles trient et distribuent.

Quelques jours plus tard, Henry donne une conférence de presse dans la gare, devant deux cents reporters français et étrangers. « J'avais demandé cinq mille couvertures et un peu d'argent », commence-t-il, avant de dresser un bilan chiffré de l'« insurrection de la bonté » : quinze mille couvertures, six mille pardessus, huit mille pantalons, mille gilets, cinq mille paires de chaussettes, dix mille chandails, mille chemises, et presque tous ces habits sont neufs, plus de vingt millions de francs de dons[1]. Il explique les raisons qui poussent tant d'hommes et de femmes à la rue ou dans des taudis : le manque de logements, le boom de la natalité, l'exode rural, mais aussi

1. 405 000 euros.

l'immigration et le phénomène des travailleurs agricoles saisonniers qui ne savent où passer l'hiver.

Dimanche 7 février, ils sont plus de six mille à écouter le tribun dans la salle de cinéma du Gaumont-Palace, place de Clichy. On projette le film des *Actualités françaises* où l'on voit cette femme expulsée, celle du boulevard Sébastopol, mourir devant la caméra. Le visage diaphane, les traits tirés par le manque de sommeil, Henry prend le micro :

– Cette femme qui meurt pendant que la police conduit les chiens à la fourrière, c'est honteux ! Honteux ! Et nous devons tous porter le poids de cette honte, surtout si nous restons là, immobiles, bien sages ! J'appelle à la mobilisation générale. Que ceux qui vivent sous le diktat de leur portefeuille écoutent mes arguments ! Si nous refusons de financer les logements aujourd'hui, nous paierons dix fois plus dans les années à venir, nous paierons pour les alcooliques, les fous des asiles, les prostituées, les enfants abandonnés, les délinquants... et toute la société sera en danger.

Les dons continuent à affluer, mais Henry se consacre surtout aux actions concrètes. Avec l'aide des scouts et des compagnons, il lance l'opération « débarras » : Emmaüs annonce son passage dans les rues du VIe arrondissement pour vider les chambres de bonne inoccupées. Ainsi pourront-elles servir de toit aux sans-abri, et les chiffonniers revendront les encombrants récupérés. Les camions d'Emmaüs mobilisés pour l'occasion arborent un disque blanc sur le pare-brise. Ce symbole sert également à marquer les zones où les équipes sont passées, on le trace à la craie sur le trottoir. Les propriétaires volontaires reçoivent une cocarde, blanche également. Grâce à l'opération débarras, trois cents chambres de bonne sont libérées.

D'autres initiatives voient le jour sous l'impulsion de particuliers, d'associations ou même d'entreprises. Les stars du moment reversent la recette de leurs spectacles ou enregistrent un disque pour l'occasion. Un grand magasin lance l'opération « Épinglez-le vous-même ». Derrière une maquette grandeur nature d'un logement d'urgence, les clients accrochent des billets de cent francs par milliers au mur. Avec ce genre d'opérations, l'abbé Pierre prend le risque que son action soit détournée au profit d'intérêts commerciaux, surtout lorsqu'une marque de lessive fait sa publicité autour du reversement d'un pourcentage des ventes à Emmaüs. « En prêtant son nom à des entreprises dont le but est tellement différent de celui qu'il recherche, ne craint-il pas que ce soit son œuvre qui finisse par être lessivée ? », s'interroge un journal satirique. Mais Henry garde la tête sur les épaules.

Fin février, le temps devient plus clément, les centres d'urgence ferment les uns après les autres, les administrations se disent prêtes à prendre le relais. Le ministre du Logement a inauguré le premier groupe de logements, il tient sa promesse. Henry se trouve à la tête d'une petite fortune, un milliard de francs[1]. Les chiffonniers restent sans voix face à tant

1. 20,3 millions d'euros.

d'argent gagné en si peu de temps. Lucie met l'abbé en garde :

– Il ne faudrait pas que cet argent nous attire des ennuis...

– Ne vous inquiétez pas, mademoiselle, vous savez que nous en ferons bon usage.

– Père, j'en suis persuadée. Je dirais même plus qu'il est déjà dépensé, et pour le bien des nécessiteux. Mais notre organisation doit rester sans faille. Que dira-t-on si l'on apprend qu'un ancien repris de justice gère les comptes ? Il faut s'entourer des meilleurs. Nous avons aussi trois cent mille lettres à trier, et ce n'est pas du tri d'ordures.

Sur les conseils de la cofondatrice d'Emmaüs, Henry recrute un véritable état-major : des avocats, des hommes d'affaires, des experts-comptables, des spécialistes de l'immobilier, des responsables sociaux, pour la plupart bénévoles. L'association Emmaüs acquiert un immeuble de quatre étages rue des Bourdonnais, à deux pas des Halles. Quartier général du mouvement, ces bureaux réunissent le siège de l'association et de diverses autres associations et entreprises immobilières qui en dépendent. L'immeuble sert aussi de centre d'accueil et peut loger jusqu'à cent-vingt personnes. C'est également aux Bourdonnais que l'on édite l'hebdomadaire *Faim et soif,* dont le premier numéro paraît en mai 1954.

Pour que l'insurrection de la bonté s'ancre dans la durée et dépasse la frontière du périphérique parisien, Henry donne des conférences dans toute la France. Bien que le mouvement ait perdu de son ampleur, Emmaüs reçoit toujours de nombreux dons. En octobre, un donateur pour le moins célèbre fait connaître ses intentions. Il versera la moitié du montant du prix pour la Paix qu'il vient de recevoir, soit deux millions de francs[1]. Ce donateur n'est autre que Charlie Chaplin et son double, Charlot. Enfant de la balle, il a grandi dans la misère à Londres. Au cours d'une tournée avec sa troupe de théâtre aux États-Unis, il a signé un contrat qui marque

1. Environ 40 000 euros.

le début de son succès au cinéma. Se déclarant « citoyen du monde », tout comme Henry et Garry Davis, des hommes politiques américains l'ont qualifié de communiste en pleine guerre froide entre les États-Unis et l'URSS, ce qui l'a contraint à s'exiler en Suisse en 1952. Un an plus tard, le Conseil mondial de la Paix, alors sous l'influence du Parti communiste de l'Union soviétique, lui décerne son prix international. Le 14 octobre 1954, à l'hôtel Crillon, Charlot et l'abbé Pierre se donnent des accolades devant une foule de badauds et de reporters. « Guerre sur la Concorde pour voir deux spectaculaires pacifistes », note un journaliste, fier de son idée d'accroche. Charlie Chaplin remet son chèque sous les flashs. Le comédien anglais déclare :

« Je vous devais des millions. Je ne les donne pas, je les rends. Ils appartiennent au vagabond que j'ai été et que j'ai incarné. Ce n'est que le juste retour des choses. »

Devenu une véritable star, l'abbé Pierre n'est pas épargné par les mauvaises langues. Devant la foule, il s'explique :

« On m'a dit : "Allez-vous accepter, vous chrétien, l'argent des communistes ?" J'accepte l'argent des partisans de la paix comme j'ai accepté les colis américains, avec la même reconnaissance. Et je souhaite que ce soit là le début d'une guerre, non d'une guerre à coups de bombes, mais d'une guerre à coups de chèques, faite non pour détruire, mais pour secourir le plus grand nombre de malheureux. »

Les critiques, aussi violentes soient-elles, effleurent Henry. Il y a plus préoccupant. Cet hiver 1954 a laissé des traces au plus profond de sa chair. Un jour, alors qu'il rentre en train de l'une des ses nombreuses conférences en province, Henry ressent une douleur à la tête. Une douleur violente et tenace. De retour à Paris, le médecin diagnostique un abcès dans la narine droite.

– Avant la pénicilline, vous seriez mort ! lui dit-il.

Si le médicament lui a sauvé la vie, cela ne suffit pas à le rétablir. Il faut l'opérer d'urgence. L'opération a lieu mi-novembre, dans la plus grande discrétion.

En convalescence, il se réfugie dans un ancien couvent des Carmes sur la Côte d'Azur. Loin des journalistes, qui le traquent en vain, il travaille, lit et écrit. Il fait le plein d'énergie car il sait qu'il a gagné une bataille, mais pas la guerre.

Chapitre 5

Le voyageur

En 1955, les Américains produisent 40 % de la richesse mondiale. Le constructeur automobile General Motors déclare plus d'un milliard de dollars de chiffre d'affaires pour une seule année. Le premier restaurant McDonald's ouvre ses portes dans l'Illinois ; le parc d'attractions Disneyland est inauguré en Californie et le four à micro-ondes fait son apparition dans les foyers. Les États-Unis regardent l'avenir avec une confiance contagieuse et arrogante. C'est dans cette Amérique-là que l'abbé Pierre continue à hurler sa colère, quelques mois après l'insurrection de la bonté.

Son périple débute à Princeton, où il avait rencontré Einstein sept ans plus tôt. Comme en France, Henry ne ménage pas son auditoire. Ainsi, il déclare :

« Je suis un Français qui ne vient pas parler de la France. Je suis un curé qui ne vient pas parler de l'Église. Je suis un ancien député qui ne vient pas parler politique. Et je suis venu en Amérique pour ne pas parler de l'Amérique. Je suis un homme qui vient parler des hommes. »

De conférence en conférence, de New York à San Francisco en passant par Chicago et Los Angeles, il adapte son propos, improvise.

« Ouvrez les yeux ! Vous inondez la terre de dollars, et tout cela pour quoi ? La corruption, l'anarchie, le désespoir. Comment s'expliquer cette impuissance de la puissance ? »

« Vous avez gagné la Grande Guerre contre le nazisme, mais la guerre contre la pauvreté ? Vous ne les entendez pas ? Ils n'ont pas la force de dire leur souffrance. Craignez l'avenir. Ce n'est pas d'argent dont le monde a besoin. Mais d'amour. »

« On parle de deux blocs, c'est une vision truquée de la réalité mondiale. Il existe un troisième bloc qui sera maître de l'avenir, il fera pencher la balance. »

De fait, cette même année, la conférence de Bandung, en Indonésie, réunit les pays les plus pauvres de la planète, vingt-neuf États africains et asiatiques pour la plupart issus de la décolonisation. En pleine guerre froide, ces pays du tiers-monde entendent garder leur autonomie et leur neutralité face à l'URSS et aux États-Unis. Comme toujours, Henry délivre un message universel et atemporel, celui de l'Évangile, tout en s'exprimant sur des sujets très ancrés dans son temps.

Dernière étape aux États-Unis, Washington. Henry a l'honneur d'être reçu par Eisenhower en personne. Face aux plus grands hommes politiques de la planète, l'abbé Pierre conserve toute sa capacité d'indignation et son audace. Il remet au président américain l'édition anglaise du livre *Les chiffonniers d'Emmaüs*, qu'il a dédicacée ainsi : « Si nous ne sommes pas capables de demander à la jeunesse, pour la guerre contre la misère, autant de sacrifices et d'héroïsme – s'il le faut – que nous lui en avons demandé pour la guerre contre la tyrannie, alors ce n'était pas la peine de demander tant de sacrifices, car la victoire pour la justice ne serait bientôt plus que moribonde. »

Le voyage d'Henry en Amérique du Nord s'achève au Canada en mai. « Canada catholique, Canada trop riche », selon sa formule. À l'aéroport de Montréal, une limousine escortée de policiers attend Henry que l'on dépose dans un hôtel luxueux du centre-ville. Indigné par tant de dépenses, il s'emporte et obtient son transfert dans un petit motel en périphérie. Il voit d'un œil critique les conditions de vie du clergé québécois, presque semblables à celles des fidèles aisés du pays.

Quelques jours après son arrivée, l'abbé Pierre se rend à l'oratoire Saint-Joseph en haut de la colline du Mont-Royal. À trois cents mètres au-dessus du niveau de la mer, la basilique constitue le point culminant de Montréal. Un dôme de trente-neuf mètres de diamètre à sa base s'élève à quatre-vingt-dix-sept mètres du sol. Dans cet édifice de plus de cent mètres de long, deux mille deux cents fidèles peuvent participer à la messe assis. Les murs de béton sont recouverts de granit argenté extrait des carrières de la région du lac Mégantic dans le sud du Québec. Débutée en 1924, la construction de la basilique est achevée, mais il reste à aménager et orner l'intérieur. Bien sûr impressionné par un tel ouvrage, Henry ne se laisse pas gagner par la folie des grandeurs. Devant une assemblée de prélats et de militants de la Jeunesse ouvrière chrétienne, il affirme :

« Ce n'est pas ainsi que nous honorons Jésus ! Pendant que vous construisez cette basilique, vos frères vivent dans des taudis ! Je vous le dis, interrompez les travaux et allouez ce budget aux plus pauvres ! »

Il poursuit :

« Le moment est venu où ceux qui se prétendent chrétiens doivent prendre conscience que, ce qui insulte Dieu, ce n'est pas le cri de colère qui vient aux lèvres des plus miséreux. Ce qui insulte Dieu, c'est l'indifférence de nos cœurs de prétendus chrétiens. »

Pendant ce séjour au Québec, Henry a choqué nombre de prêtres et de laïcs, mais il a aussi noué des amitiés qui laissent espérer la création de nouvelles communautés d'Emmaüs. Et c'est ainsi dans le monde entier. Très à l'aise dans son rôle d'animateur, l'abbé Pierre voyage de plus en plus, en Europe, aux Pays-Bas, au Portugal ou encore en Autriche, mais aussi en Asie. En Inde, il rencontre mère Teresa, Nehru, alors Premier ministre, et Vinoba Bhave, un jeune disciple de Gandhi. En France, il donne des conférences aux quatre coins de l'Hexagone. Ce rythme effréné le conduit progressivement au surmenage. En décembre 1957, il est complètement épuisé et à bout de nerfs. Son supérieur hiérarchique, l'évêque de Grenoble, lui ordonne de se faire soigner dans une clinique en Suisse, près de Lausanne. Selon les médecins, il faut l'opérer au plus vite.

Henry n'a pas peur de mourir, au contraire, il attend ce moment comme un enfant attend « les grandes vacances ». Lorsque son grand-père s'est éteint, il avait sept ou huit ans, il se souvient d'un conciliabule entre adultes, dans le vestibule de l'appartement de la rue Sala à Lyon. Gênés, ses parents s'interrogeaient : doit-on montrer aux enfants leur grand-père mort ? « Bon-papa a rejoint le Seigneur », lui avait-on expliqué, tout en l'entraînant dans la pièce. Le défunt était allongé sur son lit, immobile. Henry avait observé longtemps son corps raide mais apaisé. En sortant de la chambre, il pensait : « Pourquoi sont-ils si tristes alors que bon-papa est en lieu sûr, chez le Bon Dieu ? Moi, je n'attendrai pas d'avoir son âge pour le rejoindre. Je veux mourir jeune ! »

Cette nouvelle occasion d'en finir avec la vie tourne court. L'opération se passe bien et Henry se réveille avec étonnement, ce matin de décembre 1957. À 45 ans, il est vivant, mais toujours très faible, épuisé physiquement et psychiquement. Lors de la visite postopératoire, son médecin affirme :

– Mon Père, il faut vous résigner, votre état de santé ne vous permettra plus de mener une vie aussi mouvementée qu'avant. Vous ne pourrez plus travailler.

Henry n'a pas la force de répondre, il sanglote en silence. Concrètement, le docteur ajoute cette note à son dossier: «Un état nerveux pathologique nécessitant une interruption partielle de son activité habituelle et une réorganisation de son existence.»

Cela signifie qu'Henry ne pourra se déplacer qu'avec l'accord de son médecin et d'un prêtre désigné par sa hiérarchie. Son état justifie-t-il réellement une telle mesure? Difficile de trancher, mais il n'empêche que cette mise sous contrôle arrange l'Église. Elle pourra ainsi ramener dans son giron le mouvement Emmaüs et limiter les excès d'un abbé trop bruyant. Quant à son médecin, il entreprend une véritable expérience chimique sur son malade. Il plonge Henry dans un état d'hibernation à coups de médicaments. Après une semaine sans nourriture et sans connaissance, le patient sort du coma avec une mémoire vacillante. Il a tout juste le temps de retrouver des forces, il sombre de nouveau dans l'inconscience. Ce traitement alternant cure de sommeil et repos, dont l'efficacité n'est pas démontrée, se poursuit pendant huit mois. En pleine dépression, Henry n'a pas la faculté de se révolter contre la prise en main de son existence. Il s'abandonne entièrement à sa maladie.

Pendant cette retraite forcée, l'association Emmaüs se déchire. D'un côté, ceux de la rue des Bourdonnais, encouragés par l'Église, remettent en question le rôle central de l'abbé Pierre. Partisans d'un mouvement plus «raisonnable», ils militent pour la charité. De l'autre, les fidèles de toujours refusent de rentrer dans le moule et gardent toute leur soif de justice. Cette guerre intestine conduit même à l'éviction de la cofondatrice du mouvement. Renvoyée, Lucie Coutaz se retrouve presque à la rue.

À l'automne 1958, Henry commence tout doucement à reprendre vie. Il quitte la clinique pour un ermitage situé à Boëge, en Haute-Savoie. Un jour d'octobre, un prêtre argentin, José, lui rend visite.

– Mon Père, nous avons besoin de vous, lui dit son ami.

– Personne n'est irremplaçable, Emmaüs peut vivre sans moi, répond l'abbé.

– Mais non, pour les autres, Emmaüs, c'est vous.

– Eh bien, dites-leur, aux autres, qu'Emmaüs c'est eux.

Malgré son air bourru, Henry est tout heureux de cette visite qui lui redonne de l'énergie. Progressivement il reprend des forces. Puis, un beau jour, il ne tient plus. Il ressent le besoin impérieux d'agir. Considérant sa convalescence terminée, il décide de s'installer avec Lucie Coutaz dans une modeste HLM construite par Emmaüs, à Charenton, en banlieue parisienne. La première sollicitation qu'il reçoit vient des pays scandinaves. On l'invite pour une série de conférences à destination d'étudiants.

Henry atterrit à Stockholm en décembre 1958. La Suède, un des pays les plus riches au monde, affiche paradoxalement le triste record du taux de suicide le plus élevé. À l'université d'Uppsala, devant une jeunesse désabusée, il s'inspire de Péguy :

« Les fils des bâtisseurs de cathédrales ne peuvent prétendre à d'autres fonctions que, au mieux, d'en être les sacristains ! Ici, en Suède, tout est en ordre, tout est parfait. Mais, vous, les jeunes, vous êtes lassés de cette vie bien rangée. Pour vous, la vie n'a pas de sens. Ne restez pas centrés sur vous-mêmes, regardez autour de vous. Allez porter, non pas en maîtres, mais en frères, votre force et votre volonté dans les pays qui en ont besoin ! »

Après les pays scandinaves, l'abbé Pierre se rend en Amérique du Sud : Argentine, Chili, Colombie, Équateur, Pérou. Puis il pose ses valises au Liban, au Gabon, au Sénégal, en Allemagne, en Italie, au Canada, au Japon, en Corée, au Rwanda, en Indonésie... Pendant les cinq années après sa guérison, partout, il transmet son énergie pour de nouveaux projets.

En 1963, Henry retourne en Amérique du Sud. Après une halte de plusieurs jours en Uruguay, il doit se rendre à Buenos Aires. Le 10 juillet, à l'aéroport de Las Flores, à une centaine de kilomètres de Montevideo, il apprend que le brouillard empêche les avions de décoller. Marc, un prêtre français, également en partance pour Buenos Aires, l'aide à obtenir une place dans un bateau qui parcourt les deux cents kilomètres entre Las Flores et la capitale argentine. De nombreux voyageurs veulent embarquer à tout prix et une cohue incroyable se forme à l'entrée du port. Marc a négocié des billets en cabine, beaucoup de passagers se contentent des fauteuils des salons. Le navire quitte enfin le port, Henry est soulagé. Il tombe de fatigue sur sa couchette. Le sommeil tardant à venir, il prend un somnifère. Vers quatre heures du matin, on cogne vivement à sa porte. Henry parvient non sans mal à se réveiller, abruti par le médicament. Derrière la porte, Marc lui apprend qu'un léger choc a eu lieu, le bateau semble immobilisé. Le prêtre lui explique calmement la consigne donnée par l'équipage : il faut se regrouper sur le pont. Muni de son gilet de sauvetage en liège, Henry rejoint plusieurs dizaines de passagers qui paraissent sereins. Soudain, toutes les lumières se mettent à clignoter, puis s'éteignent. Les voyageurs parviennent à garder leur sang-froid, dans un silence pesant. Puis le capitaine demande aux voyageurs de descendre à l'arrière du bateau. Faute d'escaliers, ils empruntent des échelles dans une grande bousculade. L'inquiétude commence à monter. Certains se mettent à prier, d'autres demandent l'absolution aux deux prêtres français en soutane. Un cri les interrompt, on aperçoit une épaisse fumée à l'avant du bateau. Sur les ponts supérieurs, les matelots s'efforcent de mettre à l'eau les canots de sauvetage. Henry et les autres passagers font rapidement le calcul, seule une centaine d'entre eux pourront ainsi être secourus. La plupart sautent dans la mer, Henry et Marc compris. Il est environ cinq heures du matin.

Dans une eau à 10 °C, chacun ressent le besoin si profondément humain de ne pas être seul. On se regroupe à trois, quatre ou cinq autour d'une planche, d'une caisse ou d'un morceau de bois. Ces pseudo-bouées ne servent à rien, sinon à réunir des hommes en détresse qui flottent grâce aux gilets de sauvetage.

Mauvais nageur, Henry rejoint avec peine le groupe où se trouve Marc. Les deux prêtres se donnent l'absolution.

Pour vaincre la peur, on blague, on crie, on braille.

– Demain je vous invite à boire le whisky chez moi ! lance un jeune Argentin dans sa langue. Sans eau, le whisky !

Henry n'a pas tout compris, il ne maîtrise pas bien l'espagnol, mais il rigole comme les autres, puis bafouille :

– *No hablo castellano*[1].

– Un Français ! s'écrie l'Argentin. Vive la France ! « Allons enfants de la patrie... »

Plusieurs naufragés chantent à tue-tête *La Marseillaise* qu'ils connaissent presque en entier. Henry ne peut plus parler. Les vagues forment des creux d'un mètre, il boit la tasse à chaque fois. Il sent l'eau remonter par paquets sous ses vêtements, jusqu'à la nuque. Après avoir résisté une heure et demie, il s'évanouit.

---

1. « Je ne parle pas espagnol. »

L'abbé Pierre

En France, la radio s'en tient aux informations estivales : le Tour de France, la conférence de presse du général de Gaulle ou encore le prix des fruits et légumes. Les journalistes préfèrent pour l'instant garder secrète une nouvelle d'importance : l'abbé Pierre aurait trouvé la mort dans un naufrage en Amérique latine.

Henry se réveille enfin. Il est onze heures. Dans une salle d'équipage qu'il ne connaît pas, il voit le sourire des marins qui le regardent, étonnés.

– Il est vivant ! Il est vivant ! s'écrie le plus jeune.

Les matelots le frictionnent et lui parlent pour le maintenir éveillé. En tournant la tête, Henry découvre tous les autres, des dizaines de naufragés qui ont perdu la vie. Il aperçoit un ballet incessant de rescapés qui cherchent un mari, une femme, un enfant, un proche... Il reconnaît un homme avec qui il avait parlé la veille. En pleurs, ce monsieur lui dit dans un français approximatif :

– Mon petit, le grand, il est mort !

Henry se souvient qu'il avait béni le fils de cet homme, un garçon de dix ans. Il ne répond pas, il prend l'homme dans ses bras et tous deux restent ainsi, de longues minutes, à sangloter comme des enfants.

Enveloppé dans une couverture, traversé de grands frisons, Henry claque des dents. Il titube, à la recherche d'un marin parlant français. Après avoir imaginé le pire, on l'informe enfin que le père Marc est indemne.

« Cet après-midi, dans les salles de rédaction, quelques heures d'inquiétude sur le sort d'un prélat français bien connu, l'abbé Pierre. Mais, aux dernières nouvelles, l'abbé Pierre qui se trouvait parmi les passagers du *Ciudad de Asunción,* le navire argentin en perdition, l'abbé Pierre est sain et sauf. » À Paris, Lucie Coutaz écoute avec soulagement les actualités. On apprend qu'à soixante-dix kilomètres de Buenos Aires, à l'embouchure du Río de la Plata, le navire a heurté une épave, ce qui a ouvert une voie d'eau à l'avant. Il transportait plus de quatre cents passagers, sans compter les hommes d'équipage. Un incendie s'est déclaré. Dans un brouillard presque impénétrable, deux escorteurs de guerre argentins sont venus les secourir. Les sauveteurs ont hissé les corps, morts ou vivants, dans des barques, pour ensuite les conduire jusqu'aux escorteurs. Il a fallu plusieurs heures pour tous les repêcher. On déplore quatre-vingts morts.

La radio diffuse ensuite un reportage enregistré le jour même dans une communauté d'Emmaüs où les compagnons attendaient désespérés des nouvelles de l'abbé Pierre. Lorsqu'un journaliste a demandé à René ce qu'il adviendrait en cas de décès du fondateur d'Emmaüs, celui-ci a répondu :

– Ce serait un coup terrible.

– Que représente pour vous l'abbé Pierre ?

– Tout. Pour nous, Emmaüs, c'est l'abbé Pierre, conclut René, qui tente de contenir son émotion.

Soutenu par des sauveteurs, Henry retrouve la terre ferme. Sur le quai du port de Buenos Aires, il embrasse son ami José, le prêtre argentin qui lui avait rendu visite lors de sa longue dépression en 1958. Les journalistes se pressent autour de lui. Il s'emporte :

« Dans les grandes villes, il se produit une catastrophe de cette ampleur par an. Tous les jours, des dizaines et des centaines de milliers d'hommes vivent un désastre équivalent au nôtre et pour lequel personne ne s'émeut et ne se mobilise, comme vous le faites pour nous. Vous feriez mieux de partir en reportage dans les bidonvilles ! La vie, pour ces miséreux, n'est qu'un naufrage permanent qui fait d'eux des noyés de tous les jours. »

Le correspondant du *Monde* veut savoir ce que l'on ressent si près de la mort. Henry raconte : « J'ai demandé pardon à Dieu avec le plus de sincérité et de volonté possible. J'ai pensé à mes fautes un court moment. Ensuite je me disais : quel dommage que je n'ai pas fait ceci ou cela pour communier plus avec la souffrance de mes frères. Puis je me suis senti totalement apaisé. J'ai ressenti la certitude de ne pas être seul, comme l'enfant dans les bras de sa maman. Quand on a mis sa main dans la main des pauvres, on trouve la main de Dieu dans son autre main. »

Après un séjour à l'hôpital et plusieurs jours de travail en Argentine, Henry est rentré en France. Entouré de Lucie Coutaz et des compagnons d'Emmaüs, il se rend compte à quel point tous se sont inquiétés de son sort. Des hommages arrivent du monde entier. Lucie, toujours aussi lucide, le gronde gentiment :

– Mon Père, quand même, ce n'est pas raisonnable ! Imaginez, vous auriez pu mourir...

– Je vous en prie, mademoiselle, j'ai bien le droit de mourir.

– Nous aurions été bien tristes, mais aussi bien désemparés. Qui connaît la liste des communautés dans le monde ? L'avez-vous même écrite quelque part ? Il faut structurer le mouvement.

Cette discussion avec Lucie Coutaz est le point de départ d'un long tour du monde des communautés et des groupes Emmaüs. Henry doit convaincre chaque entité de créer une association, Emmaüs international, qui définira avec chacun le contenu d'un Manifeste universel, une sorte de charte commune à toutes les communautés.

Chapitre 6

L'éternel révolté

Il y a eu mai 1968. Henry était malade, il a suivi le mouvement grâce à la radio et à ses nombreux neveux et nièces. Il a hésité une nuit entière à envoyer une lettre au général de Gaulle pour le pousser à démissionner, mais il s'est abstenu. Nous sommes maintenant au printemps 1969, l'abbé se sent rétabli. On fête les vingt ans du mouvement au cours de la première assemblée générale qui se tient à Berne en Suisse. Les délégués des différents pays adoptent le Manifeste universel, dont voici le préambule :

« Notre nom Emmaüs est celui d'une localité de Palestine où des désespérés retrouvèrent l'espérance. Ce nom évoque pour tous, croyants ou non-croyants, notre commune conviction que seul l'amour peut nous lier et nous faire avancer ensemble.

Le mouvement Emmaüs est né en novembre 1949 par la rencontre d'hommes ayant pris conscience de leur situation privilégiée et de leurs responsabilités sociales devant l'injustice, et d'hommes qui ne possédaient plus de raison de vivre, les uns et les autres décidant d'unir leurs volontés et leurs actes pour s'entraider et secourir ceux qui souffrent, dans la conviction que c'est en devenant sauveur des autres que l'on se sauve soi-même. »

La loi commune du mouvement est rappelée : « Servir en premier le plus souffrant. » Les délégués votent également la création d'un secrétariat international qui siégera à Montréal.

Deux ans plus tard, une nouvelle assemblée générale a lieu à Québec, donnant un statut à l'organisation. La troisième assemblée se tient en 1974, établissant un secrétariat général pour le mouvement. Emmaüs se structure, tout en laissant à chaque communauté son autonomie et sa spécificité.

Cette même année, le choc pétrolier et la crise qui en résulte remettent l'abbé Pierre sur le devant de la scène. Invité de Jacques Martin, de Michel Drucker ou encore de Guy Lux, Henry est sur tous les écrans. À ceux qui critiquent cette présence médiatique, il réplique que l'Église d'aujourd'hui se doit d'utiliser les nouveaux médias comme la télévision. N'est-ce pas l'invention de l'imprimerie qui a permis de diffuser la Bible dans le monde entier ?

Quelques années plus tard, en 1982, Lucie, sa fidèle secrétaire, est mourante. Hémiplégique depuis trois ans, elle ne sort plus de son lit. Henry passe ses soirées en sa compagnie, il l'aide à trier des timbres qu'il achète par paquets de cinquante kilos. Consciente de son état, elle lui demande l'absolution. Elle émet aussi la volonté de passer ses derniers moments en présence du prêtre. Ainsi, avant chaque déplacement, Henry lui demande-t-il l'autorisation de partir. Il se rend à Rome et la retrouve en vie à son retour, soulagé. Un matin, il se lève à cinq heures pour une réunion à Esteville, près de Rouen. Prêt à sortir, une intuition le pousse dans la chambre de Lucie. Il entre doucement, s'approche de son lit, lui prend la main et se met à prier. C'est alors qu'il sent ses pulsations diminuer. Ce 16 mai 1982, Lucie Coutaz est rappelée à Dieu. Henry assiste à sa fin sans aucune angoisse, convaincu qu'elle rejoint le Seigneur, convaincu qu'elle partage sa foi. Elle a demandé à être enterrée à Esteville, où Emmaüs possède un manoir donné en 1964. Les compagnons l'avaient restauré et agrandi. Appelé «La Halte», il a accueilli de nombreuses initiatives du mouvement, avant de devenir une maison de retraite. La tombe de Lucie se trouve à côté de celle de Georges, le premier compagnon mort en 1966, sous l'un des bras d'un grand Christ en fonte naguère ramassé au milieu des ordures par des chiffonniers. Sur une plaque, on peut lire cette simple épitaphe: Cofondatrice d'Emmaüs. Les compagnons pleurent Mlle Coutaz, alias «la Tour de contrôle» ou encore «Lulu la Terreur», une femme discrète qui a œuvré dans l'ombre de l'abbé Pierre. Lui l'animateur, elle l'organisatrice.

Après le décès de son amie, Henry, si apaisé au départ, se trouve de plus en plus désemparé. Sa santé se dégrade, il est hospitalisé à la Salpêtrière pour une opération de la prostate. Il se retire ensuite au monastère de Saint-Wandrille en Normandie. De retour dans son HLM de Charenton où un nouveau secrétaire l'assiste, il apprend qu'il est atteint de la maladie de Parkinson[1].

Affaibli, il n'en perd pas moins sa capacité d'indignation. C'est ainsi qu'il se lance dans une grande campagne de soutien à un Italien qu'il estime injustement accusé de terrorisme. Henry a connu Giovanni Mulinaris en 1976, il est le fondateur de l'école de langues Hypérion où travaille une de ses nièces. Ils se sont plusieurs fois entretenus des visées humanistes

1. La maladie de Parkinson est une maladie du cerveau qui se traduit par des tremblements lents et une raideur musculaire.

de son projet pédagogique au sein d'Hypérion, dont l'objectif ambitieux était de rapprocher les peuples et les cultures. Henry apprécie cet homme d'apparence timide, mais spontané et franc. Il aime son goût pour le dialogue et son rejet de la violence. Vanni, comme on l'appelle, a dû quitter l'Italie pendant les années de plomb, ces années durant lesquelles le pays est frappé par des actions terroristes. Les attentats, souvent meurtriers, sont revendiqués par des groupes, d'abord d'extrême droite, puis d'extrême gauche, parmi lesquels les Brigades rouges. En cette période de grande tension, la Péninsule prend des mesures drastiques. La police arrête des milliers d'Italiens, qu'ils soient coupables ou non. Les accusés sont présumés coupables au lieu d'être présumés innocents et on peut les emprisonner sans chef d'accusation ni procès. Nombre d'entre eux se réfugient en France pour éviter la prison. C'est ainsi que Giovanni s'installe à Paris. En février 1982, alors qu'il se trouve en vacances chez ses parents à Udine en Italie du Nord, il est brutalement enlevé par la police, puis séquestré illégalement. Après plusieurs semaines sans connaître son chef d'inculpation, Vanni apprend qu'on l'accuse de trafic d'armes, de constitution de bande armée et de terrorisme. D'après la police italienne, l'école servirait de plaque tournante et de base à l'étranger aux Brigades rouges.

Henry refuse de croire une telle version des faits, d'autant plus qu'aucune preuve ne l'atteste. En novembre 1983, il s'invite sur un plateau de télévision. « Toutes les dictatures, tous les terrorismes, tous les fascismes ont commencé parce que devant les premiers viols du droit, on est resté muets », affirme-t-il avec force. « Si on m'apportait des preuves, je laisserais la justice faire son travail », explique-t-il. Il dénonce des lois qui permettent de garder des milliers d'innocents incarcérés sans procès. Il invite les téléspectateurs à écrire au président italien Alessandro Pertini.

Après cet appel, il organise l'envoi de cent mille cartes, avec pour slogan « Liberté avant Noël pour Mulinaris ». Il demande le soutien de François Mitterrand, président de la République. La police française mène l'enquête autour d'Hypérion, mais ne trouve rien. À l'Assemblée, les députés concluent que « les affirmations italiennes au sujet d'Hypérion sont sans fondement ». Dans son combat, Henry est soutenu par Amnesty international, la Fédération internationale des droits de l'homme et cent cinquante personnalités françaises et italiennes, dont de nombreux députés, sénateurs, historiens, écrivains, évêques, pasteurs...

En 1983, lors d'une entrevue avec le président italien, l'abbé Pierre plaide en vain la cause de Vanni Mulinaris. Face à tant d'inertie, il veut marquer les esprits. Le 26 mai, il entame une grève de la faim dans la cathédrale de Turin, avec le soutien du cardinal de Milan. Ce jeûne apparaît très risqué pour un homme âgé et malade. Il prévoit dès le départ de le limiter à huit jours et de boire trois litres d'eau par jour. Les premières vingt-quatre heures constituent une véritable épreuve physique pour Henry. Les suivantes s'avèrent plus supportables, jusqu'à ce que le jeûne ne représente pour lui plus aucun effort. Henry se nourrit de lecture spirituelle et du silence de la cathédrale. Il se sent si bien qu'il a même du mal à s'arrêter.

Cette action très médiatisée, suivie d'une rencontre avec un juge, irrite une partie du peuple italien, pour lequel on ne doit pas transiger avec les terroristes. Henry est très critiqué dans la presse, un journal de droite titre même : « L'abbé Pierre est un grand menteur. » Malgré tous ses efforts, la situation reste bloquée, il rentre en France.

En mai 1984, Henry reçoit une lettre de Vanni dans laquelle il continue de clamer son innocence et annonce une grève de la faim illimitée. Peu de temps après, la justice italienne le libère et le place en liberté surveillée. Profitant d'un match de football entre une équipe belge et une équipe italienne, le jeune Italien se dissimule au milieu des supporters et passe la frontière dans leur car. Arrivé en France, il se rend directement à Saint-Wandrille où Henry se repose. Celui-ci entreprend aussitôt de longues démarches pour obtenir la régularisation de son ami.

Toujours en 1984, un rapport estime que l'industrie automobile va perdre, en cinq ans, cinquante mille emplois sur deux cent quarante mille. Le nombre de chômeurs dépasse les deux millions et demi. Le gouvernement socialiste change radicalement de politique, le tournant de la rigueur conduit à un désengagement de l'État dans l'économie. Les médias multiplient les sujets sur les « nouveaux pauvres », une catégorie sociale malheureusement en plein essor. Trente et un ans après l'insurrection de la bonté, Henry décide de lancer un nouvel appel. Il loue le Palais des Congrès de Paris où il fait un *one man show* pendant trois heures. Son discours reste le même, celui de la révolte, de la justice, de l'amour. Toujours prêt à déranger les bonnes consciences, Henry refuse qu'on l'applaudisse. Il déclare : « N'est-il pas plus facile de signer un chèque que de remettre en cause son mode de vie ? » Il ne veut pas la charité, mais le partage. Avec le Secours catholique et l'Armée du Salut, Emmaüs lance la Banque alimentaire qui collecte et distribue de la nourriture. L'abbé Pierre déclare :

« Nous réclamons les paniers des avions, des wagons-restaurants, de tous les restaurants de luxe, qui, tous les jours, sont pleins à craquer. Nous réclamons tous ces aliments qui sont légalement obligés d'être jetés aux ordures. »

La conférence est suivie d'une grande campagne « Noël de l'abbé Pierre » avec pour slogan « Ne jetez pas votre cœur à la poubelle ». Les dons affluent à nouveau : six millions de francs[1] et deux cent mille tonnes de marchandises expédiées à travers la France grâce à deux cents camions prêtés par l'armée.

On lui reproche une trop forte médiatisation, Henry répond une fois de plus que tous les moyens sont bons pour faire passer son message. Selon lui, la célébrité est le pire cadeau que l'on puisse offrir à un ami, elle engendre une si profonde solitude. Plus que tout, il ne supporte pas qu'on l'érige en icône. Mais, puisqu'il est déjà célèbre, un peu malgré lui, autant utiliser cette puissance médiatique.

En mars 1986, Henry reçoit Coluche dans la salle à manger de son petit appartement de Charenton.

1. 1,5 million d'euros.

Il connaît peu l'humoriste et comédien, mais il a suivi sa courte carrière politique. Coluche a commencé la campagne présidentielle de 1981 avec pour promesse : « Avant moi, la France était coupée en deux. Maintenant elle sera pliée en quatre. » Henry s'est aussi intéressé à la création des Restos du cœur. Quant à Michel Colucci, il explique à qui veut l'entendre que l'abbé Pierre a toujours été son héros. Issu d'une famille italienne arrivée en France dans les années 1920, il a bénéficié de l'aide d'Emmaüs. Veuve, la mère de Coluche était si pauvre qu'elle vendait des fleurs à une station de métro, rejointe par son fils après l'école. La légende raconte que Coluche aurait trouvé sa célèbre salopette dans le bric-à-brac de Neuilly-Plaisance. C'est d'ailleurs ainsi vêtu qu'il lui remet un chèque d'un montant très élevé, dans la plus stricte intimité. Tous deux s'entretiennent un moment, Henry parle de la foi. Il lui semble que le masque de cet homme si controversé est tombé. Coluche l'embrasse, avant d'affirmer : « Il faut qu'on se revoie. »

Trois mois plus tard, on apprend sa mort dans un accident de moto. L'abbé Pierre transmet le message suivant à la mère du comédien : « Je viendrai, qu'il y ait ou non un office religieux. » Mme Colucci lui demande de célébrer les funérailles, un exercice délicat que l'abbé accepte avec courage. À l'église de Montrouge, le 24 juin 1986, des milliers de personnes, dont des centaines de motards, viennent rendre un dernier hommage à Coluche. « Si vous entendez des gens dire qu'il ne respectait rien, c'est faux, j'en suis témoin », dit Henry lors de l'homélie. « Pourquoi sommes-nous si nombreux, chacun cherchant à prier comme il peut ? N'est-ce pas parce que celui que Dieu vient soudain de rappeler à lui a voulu être (jusqu'à parfois y risquer son pain), un homme dont le "oui" soit "oui", et dont le "non" soit "non", et qui a voulu que les plus souffrants soient servis les premiers ? Appliquons-nous à imiter cela. Si la jeunesse pleure Coluche, c'est pour le remercier d'avoir démasqué l'hypocrisie de notre société bien élevée : il était un témoin qui accuse et agit. »

Dans les années qui suivent, Henry se retire régulièrement à l'abbaye de Saint-Wandrille. Malade, il se repose, mais il reste sur le qui-vive. Il s'exprime sur les sujets qui lui tiennent à cœur. Ainsi part-il en croisade contre le Paris-Dakar. Tout le show-business manifeste son enthousiasme pour ce rallye, auquel Michel Sardou a participé deux fois. L'abbé Pierre, lui, lance l'opération PA'DAK. Indigné par cette caricature des rapports Nord-Sud, écœuré par les sommes dépensées, les richesses étalées, les ponts ébranlés, les pistes défoncées et les accidents meurtriers, il n'accepte pas que l'on transforme le désert, un lieu si pur et si spirituel, en un terrain de jeux.

Il se prononce aussi sur de nombreux sujets sensibles pour l'Église. Il estime que le mariage des prêtres devrait être autorisé, les apôtres n'étaient-ils pas mariés ? Lors d'une réunion de famille, à la demande de ses neveux et nièces, il témoigne : « De mes trois engagements de prêtre – pauvreté, chasteté, obéissance –, celui qui m'a le plus coûté est la chasteté. Le renoncement à la tendresse d'une femme, ce vœu de transférer vers le spirituel et l'Amour infini les amours humains : de cela, j'ai éprouvé une souffrance constante, quotidienne, toute ma vie. » Quant aux femmes, leur rôle dans l'Église reste cantonné à celui de « bonne du curé ». « Où lit-on dans l'Évangile que le sacrement de l'ordre devrait être réservé à l'homme ? », s'interroge le prêtre. Il est aussi en faveur de l'interruption volontaire de grossesse : « Il y a des cas où un chrétien peut considérer que, hélas, l'avortement est un moindre mal. » Au sujet du préservatif, il déclare lors d'une émission de télévision, dans la droite ligne de Jean-Paul II : « Le seul préservatif total, c'est la fidélité ! » ; puis il se démarque aussitôt : « Mais si vous commettez la faute, n'ajoutez pas le crime à la faute. N'ayez pas la lâcheté de ne pas prendre de préservatif. »

En politique, l'abbé Pierre défend toujours les plus faibles. En France, ce sont les mal-logés, les sans-papiers ou les nouveaux pauvres. Il dénonce également les idées de l'extrême droite, en particulier de Jean-Marie Le Pen. Au sujet de *La Marseillaise*, l'abbé Pierre estime qu'il faudrait en changer les paroles. Selon lui, on ne peut envisager le remplacement d'un hymne auquel les Français s'avèrent très attachés. Cependant, il considère raciste l'expression « sang impur », que l'on pourrait substituer par « sang ennemi ». L'adjectif « impur » rappelle trop le nazisme qui a introduit la notion de pureté de la race.

Dans le monde, il se bat pour les pays les plus pauvres et les régions en guerre. Il qualifie l'apartheid de « l'une des blessures de l'humanité ». Il met aussi en garde les habitants des pays riches contre les désastres écologiques en cours.

Réunissant presque trois cents communautés, le mouvement qu'il a créé œuvre dans trente pays. « Emmaüs vit sa vie », constate Henry, qui aime ajouter : « Mes enfants sont établis, je ne suis plus que le grand-père. » Il s'installe à Esteville, au milieu des compagnons retraités.

En décembre 1990, le procès de son ami italien Giovanni Mulinaris a enfin lieu à la cour d'assises de Venise. Henry est confiant, et il a raison. Vanni est acquitté, l'État italien lui verse des dommages et intérêts pour ses trois années d'emprisonnement injustifié.

En 1991, Henry soutient les déboutés du droit d'asile en grève de la faim dans l'église Saint-Joseph à Paris. Presque octogénaire, il observe un jeûne de deux jours et dort sur un matelas par terre, au milieu des grévistes. « Arrivé à 79 ans bientôt, oui, j'aimerais mourir plutôt que de voir mourir un seul de ces malheureux... », déclare-t-il devant la caméra, la voix tremblante.

En 1992, Henry crée la Fondation Abbé-Pierre dont l'objectif est d'agir « pour que les plus défavorisés trouvent à se loger dignement et durablement, quels que soient le montant de leurs ressources et leur situation sociale ». Avec pour slogan « Ne lâchons rien », la Fondation apporte un important soutien financier à la création de logements « très sociaux » et sensibilise le grand public aux problèmes du logement, notamment en rendant un rapport du mal-logement en France chaque année début février.

En 1994, malgré sa fatigue, il accompagne les squatteurs de la rue du Dragon, leur offrant un grand coup de projecteur : le 18 décembre, des milliers de manifestants se rassemblent dans cette rue huppée du VIe arrondissement, devant un immeuble vide appartenant à un groupe financier. Des familles de sans-abri, accompagnées de militants du Droit au logement, investissent le bâtiment. À 82 ans, Henry se déplace difficilement, mais on le reconnaît toujours à son béret, sa cape bardée de décorations, sa barbe et cette voix si douce et si profonde.

En 1996, ce sont les sans-papiers de l'église Saint-Bernard à Paris qui reçoivent son soutien. Il leur rend visite en pleine nuit. Très faible, il fait néanmoins une déclaration devant les caméras, demandant à ce que le cas de chaque sans-papiers soit étudié individuellement.

Henry, qui habite désormais un petit appartement à Alfortville, poursuit son combat, à son rythme.

Lentement. Accordant de temps à autre une interview, recevant de temps à autre un visiteur. Ainsi va la vie. Lorsqu'on lui demande « Comment allez-vous ? », il répond : « Comme un vieux. » Comme un vieux plein de l'insolente jeunesse de la révolte et de l'amour.

URGENT – URGENT – URGENT – URGENT

« L'abbé Pierre est mort à l'âge de 94 ans. Le fondateur des compagnons d'Emmaüs a été emporté par une infection pulmonaire à 5 h 25 ce matin à l'hôpital parisien du Val-de-Grâce où il était hospitalisé depuis une semaine. » Ce 22 janvier 2007, toutes les radios, toutes les chaînes de télévision et tous les sites Internet de France annoncent le décès d'Henry Grouès.

Le 26 janvier, il reçoit un hommage national. Personnalité préférée des Français pendant de nombreuses années, il réunit plusieurs milliers de personnes lors de ses funérailles à Notre-Dame de Paris. Comportement rare en France, la foule applaudit lors du passage du cercueil porté par des compagnons. Le cercueil est posé à même le sol dans l'église, on y dépose sa cape, les décorations de guerre, une aube et une étole violette. De nombreuses personnalités, dont le président de la République, et des centaines de compagnons assistent à la cérémonie. Henry en avait précisé le déroulement, et notamment le choix des chants, dans son testament. Fidèle à ses vœux de franciscain, il a demandé à rester pieds nus.

Son enterrement a lieu dans l'intimité au cimetière d'Esteville. Sur le trajet, selon sa volonté, on chante «Ce n'est qu'un au revoir, mes frères». À côté de Lucie, il est enterré sous l'autre bras du grand Christ en fonte, avec cette épitaphe :

«Il a essayé d'aimer.»

Épilogue

1er février 2012. Après deux mois d'une douceur record, le thermomètre baisse à une vitesse vertigineuse. Bientôt – 11 °C. Ce matin, Christophe Robert, délégué général adjoint de la Fondation Abbé-Pierre, est l'invité de Pascale Clark sur France Inter.

« Nous sommes le 1er février, c'est l'anniversaire de l'Appel de l'abbé Pierre, hiver 54. Il serait en colère ? », demande la journaliste.

« Évidemment, répond Christophe Robert. Quand on a produit notre premier rapport il y a dix-sept ans, jamais on aurait pensé que le mal-logement allait prendre l'ampleur qu'il connaît aujourd'hui. 3,6 millions de personnes sont mal logées. »

D'après la Fondation, on compte, en France, sept cent mille personnes « sans domicile personnel ». Parmi eux, cent trente mille sans domicile fixe. Les autres vivent dans des cabanes, des caves, des locaux commerciaux ou chez des proches. « Le système est en train de craquer », conclut Christophe Robert.

L'abbé Pierre disait souvent qu'il n'avait pas de plan préconçu pour les combats qu'il a menés. Il ne s'est pourtant jamais laissé porter par les eaux dangereuses de l'histoire. Les pires tempêtes l'ont fait avancer toujours dans la même direction, celle de la justice. La guerre n'est pas finie.

Chronologie

1912 : naissance d'Henri Grouès

1931 : entrée au couvent chez les Capucins

1938 : ordination

1942 : Résistance

1945-1951 : député de Meurthe-et-Moselle

1954 : insurrection de la bonté

1969 : première assemblée générale d'Emmaüs international à Berne

1984 : lancement de la Banque alimentaire et du Noël de l'abbé Pierre

2007 : décès

Arbre généalogique

Grands-parents paternels : Joseph et Marie Grouès

Grands-parents maternels : Marius et Élisabeth Perra

Parents : Antoine et Eulalie Grouès

Fratrie :

Emmanuel (1906)

Élisabeth (1908)

Noëlle (1909)

Léon (1911)

Henri (1912)

Daniel (1916)

Pierre (1918)

Anne-Marie (1919)

Bibliographie

L'abbé Pierre, l'insurgé de Dieu, Pierre Lunel, Stock, 1989.

Je voulais être marin, missionnaire ou brigand : carnets intimes et pensées choisies, Abbé Pierre et Denis Lefèvre, Le Cherche-Midi, 2002.

Mon Dieu... pourquoi ? Petites méditations sur la foi chrétienne et le sens de la vie, Abbé Pierre, Frédéric Lenoir, Plon, 2005.

L'abbé Pierre, Bernard Violet, Fayard, 2004. Biographie réactualisée en janvier 2007 avec la reproduction intégrale du testament de 114 pages de l'abbé Pierre.

Il nous a tant aimés... Les dernières années de l'abbé Pierre racontées par ses intimes, Pierre Lunel, Laurent Desmard, Albin Michel, 2011.

Livres jeunesse

Les chercheurs de Dieu (tome 2 : L'abbé Pierre, Pauline Jaricot, Xavier De Nicolo), Lama Masudi (dessins), Hugues Labiano (dessins), Marc Malès (dessins), Jean-Louis Fonteneau (scénario), Thierry Lescuyer (scénario), Marie-Noëlle Pichard (scénario), Bayard Jeunesse, 1992.

L'abbé Pierre, de Jean-Michel Billioud et Judith Gueyfier, Bayard Jeunesse, collection Libre de croire, 2005.

Filmographie

1989 : *Hiver 54*, l'abbé Pierre de Denis Amar avec Lambert Wilson (dans le rôle de l'abbé Pierre) et Claudia Cardinale.

Table des matières

Dans la collection
il était une foi

Jésus comme un roman
de Marie-Aude Murail

Adam comme un conte
de Martine Laffon

Jean-Paul II, le roman de sa vie
de Claire Astolfi

François d'Assise
de Laurence Gillot

Extrait

Jean-Paul II
le roman de sa vie

Chapitre premier

Des chaussures de fille

Mai 1929

Extrait

Dans la cuisine des Wojtyla, Mme Puklo gémit.

– C'est une catastrophe ! Comment allons-nous faire ? demande-t-elle en se tournant vers Karol.

Le jeune garçon, que tout le monde surnomme « Lolek », se tient aux côtés son père, le capitaine Wojtyla, qui prend l'air embarrassé :

– Lolek ne peut vraiment pas faire sa première communion sans chaussures blanches ?

– Vous n'y pensez pas ! s'indigne Mme Puklo, une cousine du Capitaine. Tous les enfants de Wadowice seront en blanc, chaussures comprises !... Peut-être que le marchand juif de la rue voisine en a encore... Bon, j'y vais, dit-elle en prenant son sac et en regardant d'un air décidé le père et le fils assis devant elle. Je finirai bien par trouver !

Après son départ, le père de Karol regarde son fils avec une certaine perplexité :

– Vraiment, je ne vois pas pourquoi il te faut absolument des chaussures blanches...

Karol hausse les épaules :

– Tu connais Mme Puklo... La tradition, c'est sacré ! De toute manière, elle trouverait une aiguille dans une botte de foin ! Alors, je ne me fais pas trop de souci... Elle va bien dénicher une paire de chaussures pour moi !

Le garçon sourit bravement à son père. Il sait bien que, depuis la mort de sa mère, le Capitaine a eu autre chose à penser.

– Déjà un mois que maman est partie, pense Karol en fermant les yeux.

Extrait

La gorge nouée, il revoit son doux visage entouré d'une cascade de cheveux bruns et soyeux. Il se souvient de son regard profond et tendre qui l'a accompagné pendant ces neuf ans. Dans l'appartement flotte encore un peu de son parfum... Elle s'appelait Emilia...

« Oui, elle, elle aurait pensé aux chaussures... », songe Karol avec immense regret.

Quelques minutes plus tard, la porte s'ouvre.

– Victoire ! crie Mme Puklo, en faisant irruption dans la pièce. J'ai trouvé ! Ce sont les dernières qui restent à Wadowice !

Elle hésite un moment et reprend, un peu embarrassée :

– Le problème, c'est que ce sont des chaussures de fille, dit-elle en sortant de son sac une paire de sandales blanches fort jolies ornées d'une boucle.

Le capitaine Wojtyla la regarde d'un air interloqué et se tourne vers Karol avec embarras.

– Ça ira, n'est-ce pas ? demande-t-il, incertain.

– Ah non ! Tout le monde va se moquer de moi ! s'écrie Karol.

Mme Puklo lui pose la main sur la tête :

– Mais non ! Ne t'inquiète pas. Tout le monde comprendra que ton père n'a pas eu le temps de s'en occuper. Et puis, si ça se trouve, personne ne les remarquera.

Karol ouvre la bouche pour rétorquer, mais un regard vers son père le retient.

– Bon, d'accord, lâche-t-il en baissant les yeux.

Et il ajoute tout bas :

Extrait

– Pourvu que sur la photo, on ne les voie pas... Sinon, dans cinquante ans, on s'en souviendra encore !

Quelques heures plus tard, tous les enfants catholiques de Wadowice prennent place dans l'église Sainte-Marie. Serré entre deux camarades, Karol s'assoit en cachant tant bien que mal ses pieds sous le banc.

Son cœur bat très fort. Dans quelques instants, il va faire sa première communion. Cette pensée le rend profondément heureux, plein de joie. Mais soudain, un sanglot lui échappe. « Maman », murmure-t-il tout bas, les mains jointes, les genoux serrés.

– Maman, répète-t-il doucement. Tu me manques tellement !

Inquiet, il cherche du regard son père et son frère pour se rassurer. Oui, ils sont là, dans leurs beaux habits sombres. Son père, le regard triste mais sans amertume sourit à son jeune fils dont il devine le désarroi. Et puis, il y a Mundek, le grand frère de vingt-trois ans, sportif, brillant, drôle, qui veut devenir médecin. Lui aussi regarde avec tendresse son petit frère qui s'accroche à son regard comme à une bouée de sauvetage.

Puis Karol fait le vide.

Il veut prier pour préparer son cœur à recevoir Jésus. Il ferme les yeux, joint ses deux mains et baisse la tête. Tout doucement, il sent alors une grande paix l'envahir ; elle est comme une caresse qui le console et le rassure. Il sent en lui la présence chaude et douce de Marie, la mère de Jésus.

Extrait

Aujourd'hui, il n'est pas seul. Il ne le sera jamais. Il le sait.

Et, dans son cœur, il a un immense élan de reconnaissance et d'affection pour ce Dieu si proche et cette maman du Ciel qui veille sur lui.

D'ailleurs, il se sent bien dans cette église baroque, dont il peut apercevoir le dôme depuis la fenêtre de sa chambre. À genoux sur son banc de bois sombre et lisse, il devine autour de lui les six chapelles consacrées à des saints. Non, il n'est pas seul !

Après la célébration, tous les enfants se retrouvent devant l'église. Déjà les chaussettes descendent en accordéon, les chemises sortent des pantalons et les premières taches apparaissent sur les vêtements blancs.

Un peu à l'écart attend un jeune garçon vêtu d'une culotte courte tenue par une paire de bretelles. Dès qu'il aperçoit Karol, il court vers lui :

– Lolek ! Ça y est, c'est fini ?

– Oh, salut, Jurek ! répond Lolek avec un grand sourire à la vue de son meilleur ami.

– Dis donc, elles sont bizarres, tes chaussures, remarque ce dernier en regardant les sandales blanches.

Karol rougit et répond en chuchotant :

– Je sais ! Ce sont des chaussures de fille ! Y avait plus que celles-là.

Puis il se rapproche et murmure :

– Surtout ne le dis à personne !

– Bien sûr ! s'exclame Jurek, la main sur le cœur. Tu peux compter sur ton vieux copain ! Mais pour cet après-midi ? Tu crois que tu vas réussir à jouer au foot avec ces chaussures ? demande-t-il en riant.

Karol le pousse du coude :

– Arrête ! Tu n'es pas drôle ! De toute manière, je ne viendrai pas cet après-midi. Mon frère est là et nous ne le voyons pas souvent depuis qu'il étudie à Cracovie et puis... aujourd'hui, c'est un jour spécial pour moi. Tu comprends ?

– Ben, pas vraiment, puisque je suis juif, répond Jurek. On jouera demain, alors ?

– Bien sûr, tu peux compter sur moi !

– On y va, Lolek ?

Son père lui prend la main et Mundek se saisit de l'autre. Ils sont plus grands que lui, mais pas tant que ça. Entre ces deux hommes, il se sent bien, à l'abri.

Il regarde ses chaussures avec soulagement. Ouf ! Personne ne semble avoir remarqué que ce sont des sandales de fille.

Le père de Karol surprend le regard de son fils et sourit. Avec nostalgie, il repense à sa femme Emilia, qui aurait pensé à ce détail.

Heureusement, Lolek a été compréhensif...

« Après tout, se dit le Capitaine en haussant les épaules. Tout cela n'a pas beaucoup d'importance. Pensons plutôt à l'avenir... Comment remplacer celle qui est partie si tôt ? Qui fera la cuisine et reprisera les affaires de Lolek ? Qui s'occupera du ménage et des courses ? Qui le prendra dans les bras pour le consoler ? »

Extrait

Le Capitaine soupire. Puis il redresse la tête : pas question de se laisser aller !

Aujourd'hui est une journée de fête pour Lolek et, en plus, son grand fils Mundek est là.

C'est Emilia, qui aurait été fière ! N'a-t-elle pas toujours affirmé : « Je voudrais tant avoir un fils médecin et un autre prêtre ! » Bon, évidemment, en ce qui concerne Lolek, c'est un peu tôt pour le dire...

Karol, lui, est déjà parti devant. Montant avec agilité les marches qui mènent à l'appartement familial, il ouvre grand la porte d'entrée et s'affale sur une chaise. Qu'est-ce qu'il est raide, cet escalier ! Mais, tout à coup, il se redresse, revient vers la porte et trempe les doigts dans une coupelle contenant de l'eau bénite. Il respire un grand coup et, lentement, fait son signe de croix.

Ça y est, maintenant, il peut s'asseoir et souffler.

– Les enfants ! Dimanche prochain, je vous emmène à Kalwaria, décrète le Capitaine pendant le déjeuner.

Karol relève la tête de son assiette :

– Kalwaria ? C'est le sanctuaire où il y a plein de petites chapelles dédiées à Jésus et Marie ?

– Exactement. Nous pourrons confier ta chère maman au Seigneur et à la Vierge Marie.

À ces mots, une douleur fugace saisit le garçon et crispe les traits de son visage :

– Oui, elle est sûrement mieux là-haut, auprès de Jésus, que dans cet appartement où elle a tellement souffert. Tu ne crois pas ?

Extrait

– J'en suis sûr. Et, de là où elle est, elle pourra veiller sur nous. Et en particulier sur toi.

– J'ai beaucoup pensé à elle aujourd'hui, mais je ne me suis pas senti seul. D'ailleurs, tu es là avec Mundek ! Vous ne me laisserez jamais, n'est-ce pas ? demande Lolek avec un regard angoissé en regardant la seule famille qui lui reste.

– Mais bien sûr que non, petit frère ! répond Mundek d'une voix appaisante en le serrant dans les bras. Allez, viens, on va faire une promenade le long de la Skawa.

En les entendant dévaler l'escalier, le Capitaine sourit. Mais bientôt ses yeux se voilent de tristesse.

L'absence d'Emilia est encore trop vive en lui. Et, pour trouver le courage de continuer, le Capitaine s'agenouille sur le sol froid. Dans la prière, il confie ses fils et sa détresse.

Petit à petit, il se sent mieux.

Cet ouvrage a été mis en pages
par DV Arts Graphiques à La Rochelle

Imprimé par L.E.G.O. S.p.A
en juin 2012

pour le compte des Éditions Bayard

Imprimé en Italie